창의적

리더는

자장면을 먼저
시키지 않는다

| 최창호 지음 |

학 지 사
www.hakjisa.co.kr

머리말

　많은 사람들이 창의성을 얘기하지만 창의성을 제대로 이해하고 있는 사람들은 그리 많지 않은 듯하다. 사실 창의성이란 말 자체가 정의를 거부하고, 제한된 의미의 굴레로부터 자유롭고자 하는 특성을 가지고 있기 때문이기도 하지만 창의성이란 분야가 접근하기 어려운 분야이었던 것도 한 가지 이유라고 할 수 있을 것이다.

　사람들이 살아온 역사와 문화는 창의적 삶의 모습이고, 수많은 문화유산은 그것의 결과물들이라고 할 수 있다. 창의성은 우리의 삶이고 생활이다. 그래서 생활과학이라고도 한다.

　창의성과 우리의 삶은 밀접한 관계를 맺고 있기 때문에 창의성이란 말이 독자 여러분들에게도 어색하지 않게 들릴지 모른다. 그러나 그렇게 어색하지 않게 다가선 창의성이란 말을 제대로 알고 이해하는 사람들이 드문 것 또한 현실이다.

　많은 사람들이 창의성을 이야기하지만 학문적으로 창의성이 어떤 의미를 가지고 있고, 창의성과 창의력은 어떤 관계를 맺고 있는지, 창의성의 요소는 무엇인지를 명확하게 이해하고 있는 사람들을 보기 힘든 것도 사실이다.

　지능의 구조 모형(SOI 모델, Structure of Intelligence, 1956)으로

유명한 길포드(J. P. Guilford)가 1950년 미국 심리학회 취임 연설에서 창의성 연구의 촉진과 중요성을 설파한 이후 심리학 분야에서 창의성 분야의 학문적 연구가 본격적으로 시작되었다. 그 후 수많은 출판물들이 출간되었지만 창의성을 전체적으로 이해시키기에는 부족함이 많았다.

그래서 필자는 창의성에 관한 종합적인 이해를 돕고자 2001년 초 『창의적인 사람들의 7가지 반란』(학지사)을 출간한 적이 있는데 이번에 다시 창의성을 간단하지만 명료하게 읽고 이해할 수 있는 책을 기획해서 출간하게 되었다. 독자 여러분들의 많은 사랑과 질타를 바란다.

『창의적 리더는 자장면을 먼저 시키지 않는다』는 창의적 리더, CEO가 회식 자리에서 먼저 음식을 시키면 다른 직원이나 구성원들도 그 사람을 따라서 음식을 시키게 되는 현상을 빗대어 붙인 타이틀이다.

한턱 낸다고 중국요리집에 가자고 해놓고서는

"나는 자장면, 먹고 싶은 것들 있으면 다 시키세요" 하면 다른 사람들은 그 사람 눈치를 보면서 기껏해야 짬뽕이나 볶음밥 정도를 시키게 된다. 그런 현상이야말로 창의적 풍토를 죽이고 역사적 오류를 범하는 잘못된 의사결정을 내리는 이유가 된다.

필자는 YS 문민정부 시절에 『사이코 실험실』이라는 책에서 '청와대의 칼국수가 해로운 까닭'이라는 글을 쓴 적이 있다. 그런 오찬 문화는 다양한 사람들의 의견을 무시한 독단적인 리더십의 발휘이므로 사람들의 다양한 의견을 죽이게 되고 집단 의사결정이라는 무서운 결과를 초래할 수 있다는 경고였다. 그런 창의적이지 못한 리더십은 결국 IMF라는 외환위기로 결말을 맺고 말았다. 이런 예는 미국에도 있었는데 케네디 대통령 시절에 쿠바로부터 탈출한 난민들을 훈련시켜 쿠바를 침공하기 위해 피그스만 상륙작전 회의를 할 때 창의적 풍토를 이해하지 못한 채 대통령의 일방적 리더십이 발휘되어 말도 안 되는 작전 계획을 세워 시행함으로써 작전이 완전히 실패하고 말았다. 케네디가 쿠바를 침공하려고 결론을 내린 상태에서 회의를 진행하다 보니 문제점이 있어도 보좌관들이 제대로 문제점을 지적하지 못했기 때문이다.

창의성은 이처럼 사람들의 사고와 행동, 감정, 그리고 조직 문화, 역사에 이르기까지 엄청난 영향을 미치는 중요한 분야이다.

우리가 살고 있는 21세기는 창의성 시대이다. 독자 여러분들이 창의성을 좀 더 구체적으로 이해하고 생활 속에서, 문화 속에서, 역사 속에서 구현하는 창의적 삶을 시작하길 기원하면서 머리말을 대신할까 한다.

어려운 출판 환경 속에서도 졸저의 출간을 맡아 주신 학지사 김진환 사장님과 편집부 여러분께 감사드리며, 책의 저술과 출간에 도움을 준 김기돈 실장에게도 감사를 드린다.

모쪼록 많은 사람들이 창의적 삶을 영위함으로써 영혼이 자유로운 Shure를 달성하길 소망합니다.

2003년
저자 최창호

II부 창의적인 사람들의 특징

III부 창의적인 사람들의 행동

IV부 창의적 문제해결 과정

V부 창의적 환경

창의성 마인드 테스트

슈레!

'Shure'란 그리스어로 '영혼이 자유로운 곳'이라는 뜻입니다.

창의성이 추구하는 삶입니다.

이 책을 읽으시려는 당신은 이미 창의성 세계로 들어오셨습니다.

책을 읽기 전에 귀하의 창의성 마인드는 어느 정도인지를 체크해 보십시오.

창의성 마인드 지수 테스트는 독자들이 창의성에 대해 어떤 태도와 정보를 가지고 있고, 얼마나 창의적으로 살아가고 있는지를 체크해보기 위해 필자가 개발한 창의성 맛보기 테스트입니다.

책을 읽으시기 전에 귀하의 창의성 마인드를 체크해 보십시오. 그리고 다 읽어보시고 나서 다시 한 번 체크해 보십시오. 귀하의 창의성 마인드를 엿볼 수 있을 것입니다.

좀 더 자세한 진단과 전문심리검사를 이용하시려면 psyko@chol.com 으로 문의하십시오.

　　다음 각 문항을 읽고 자신의 생각이나 행동에 가장 가까운 답을
골라 체크하십시오.

1.　　　　　　　　 이 그림은 어떤 형태로 보입니까?

　　1) 술잔

　　2) 두 사람이 마주보고 있는 모습

　　3) 술잔 또는 두 사람이 마주보고 있는 모습

　　4) 어떤 형태로도 안 보인다

2. 아래의 그림은 어떤 사람을 나타낸 것일까요?

　　1) 처녀

　　2) 노파

　　3) 처녀 또는 노파

　　4) 잘 모르겠다

3. 원 안을 연필로 칠해서 원 안을 채울 때 옳은 방법은?

　　1) 테두리 원 안을 가득 채운 그림

　　2) 테두리 원 안을 반 정도만 채운 그림

　　3) 테두리 원을 벗어나서 넘치게 그린 그림

　　4) 모두 다 옳다

4. 그림 A, B, C, D의 사람 중에서 가장 큰 사람은
누구일까요?

1) A

2) B

3) C

4) D

5) 모두 다 같다

5. A와 B의 선분 중에서 어느 선분이 더 길까요?

1) A

2) B

3) A = B

4) 잘 모르겠다

6. 그림에서 화살표가 가리키는 것은 무엇을 의미하
는 것일까요?

1) 아라비아 숫자 13

2) 알파벳 B

3) 13 또는 B

4) 13 또는 B가 아니라 다른 의미

A >————< B

7. C <————> D 선분 A와 B의 길이와 선분 C와 D의
길이는 어느 쪽이 더 길까요?

1) A−B

2) C−D

3) A−B와 C−D는 같다

4) 잘 모르겠다

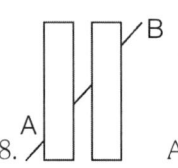

8. A로부터 B로의 사선은 이어진 것일까요? 끊어진
것일까요?

1) 끊어져 있는 2개의 사선이다

2) 이어져 있는 1개의 사선이다

3) 잘 모르겠다

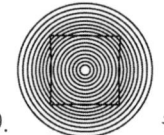

9. 원 안의 사각형은 어떤 모양일까요?

1) 정사각형

2) 옆과 위의 직선이 안으로 휘어진 사각형

3) 직사각형

```
      F
     F 1
   F 1 1 1
   F 1 1 3
```

10. ? 제시된 문자와 숫자는 위로부터 아래로 일정한 규칙이 있습니다. ?에 들어갈 문자와 숫자는 무엇일까요?

1) F12231
2) F11231
3) F12123
4) F22122
5) 아무런 규칙도 없다

11. 지능과 창의성은 어떤 관계일까요?

1) 지능이 높으면 창의성이 반드시 높다
2) 지능이 높으면 창의성은 반드시 낮다
3) 지능과 창의성은 아무런 상관이 없다
4) 지능은 어느 수준까지만 창의성에 영향을 미친다

12. 창의성은 후천적으로 노력하면 계발할 수 있을까요?

1) 창의성은 선천적이기 때문에 계발하기 힘들다
2) 창의성은 후천적으로 노력하면 얼마든지 계발할 수 있다
3) 창의성은 어렸을 때 결정되어 평생 동안 변하지 않는다

13. 자유롭게 상상하는 것은 창의성에 어떤 영향을 미칠까요?

1) 자유롭게 상상하는 것은 창의성에서 가장 중요하다
2) 지나치게 자유로운 상상력은 창의성을 해칠 수도 있다
3) 창의성은 기존의 틀을 깨뜨리는 것이 그 무엇보다 중요하다

14. 창의적인 아이디어는 양과 질 중에서 어느 것이 더 중요할
    까요?

    1) 양

    2) 질

    3) 양과 질 모두

    4) 잘 모르겠다

15. 창의성에는 좌뇌와 우뇌 중에 어떤 뇌가 더 중요한 역할을 할
    까요?

    1) 좌뇌

    2) 우뇌

    3) 좌뇌와 우뇌 모두

    4) 잘 모르겠다

16. 창의성에서 상대적으로 가장 중요한 것은 무엇일까요?

    1) 창의적 사고 능력인 창의력

    2) 창의적 인성인 창의성

    3) 지능

    4) 아이디어의 구현 능력

    5) 모두 다 중요

17. 창의성에서 모방에 대한 평가는?

    1) 모방은 창의성을 방해한다

    2) 모방은 창조의 어머니이다

    3) 모방은 가장 저급한 창의성이다

18. 창의적인 아이디어는 처음부터 독특하고 완벽한 것일까요?

    1) 처음부터 독특하고 완벽한 경우가 많다

    2) 처음부터 독특하거나 완벽하지 않아 계속 고쳐야 한다

    3) 처음부터 독특하지만 완벽하지는 않다

    4) 잘 모르겠다

19. 창의성은 머리 좋은 소수 영재에게서만 나타나는 것일까요?

    1) 항상 그렇다

    2) 항상 그런 것은 아니다

    3) 잘 모르겠다

20. 창의적인 아이디어는 노력하지 않아도 어느 날 갑자기 떠오르는 것일까요?

    1) 항상 그렇다

    2) 항상 그런 것은 아니다

    3) 잘 모르겠다

채점표

20문항에 체크한 답을 다음 채점표에 옮겨 적은 후 점수를 계산하십시오.

문항	채점									
	답	득점	답	득점	답	득점	답	득점	답	득점
1	①	1	②	1	③	5	④	0	⑤	–
2	①	1	②	1	③	5	④	0	⑤	–
3	①	1	②	2	③	2	④	5	⑤	–
4	①	5	②	0	③	0	④	0	⑤	2
5	①	5	②	0	③	2	④	0	⑤	–
6	①	1	②	1	③	5	④	0	⑤	–
7	①	5	②	0	③	2	④	0	⑤	–
8	①	5	②	2	③	0	④	–	⑤	–
9	①	2	②	5	③	0	④	–	⑤	–
10	①	0	②	5	③	0	④	0	⑤	0
11	①	2	②	0	③	1	④	4	⑤	–
12	①	0	②	5	③	2	④	–	⑤	–
13	①	2	②	5	③	0	④	–	⑤	–
14	①	2	②	2	③	5	④	0	⑤	–
15	①	1	②	2	③	5	④	0	⑤	–
16	①	2	②	2	③	1	④	2	⑤	5
17	①	2	②	5	③	0	④	–	⑤	–
18	①	0	②	5	③	0	④	0	⑤	0
19	①	2	②	5	③	0	④	–	⑤	–
20	①	2	②	5	③	0	④	–	⑤	–
소계	A		B		C		D		E	

1. 앞 채점표에 각각의 문항에 체크한 내용을 옮겨서 체크하십시오. 체크한 채점표의 숫자가 득점입니다.

2. A, B, C, D, E점수를 구하십시오.

   A는 "가"열에 해당하는 점수를 모두 더한 수

   B는 "나"열에 해당하는 점수를 모두 더한 수

   C는 "다"열에 해당하는 점수를 모두 더한 수

   D는 "라"열에 해당하는 점수를 모두 더한 수

   E는 "마"열에 해당하는 점수를 모두 더한 수

3. 창의성 마인드 지수를 구하십시오.

   창의성 이해력 지수 = (A+B+C+D+E)

4. 창의성 마인드 테스트 해석을 확인하십시오.

·)》 해석 《(·

0-20점 창의성 인재(人災-misery)

귀하의 창의성 마인드는 창의성과는 거리가 먼 듯합니다. 이해가 다가도 창의성을 이해하기 힘들 것 같습니다. 창의성에 대해 무지하다고 하겠습니다. 영국의 경험론 철학자인 로크는 백지 상태, tabula rasa라는 말을 남겼고, 중국의 고자라는 철학자는 성무선악설이라는 것을 주장했습니다. 그들은 사람들이 태어날 때 어떤 특정한 선험론적인 것을 가지고 태어나지 않으며 경험을 통해 학습한다고 했습니다. 귀하는 현재 아무런 경험이 없는 것과 같은 깨끗한 백지 상태입니다. 창의성에 관한 한 백지 상태인 귀하의 삶에도 이제 창의성의 씨앗을 뿌리십시오. 지금도 늦지 않았습니다. 그렇지 않다면 귀하는 지금의 삶의 굴레로부터 벗어날 수 없습니다.

21-40점 창의성 인재(人在-existence)

귀하의 창의성 마인드는 젬병 수준입니다. 걸음마 수준이라고도 할 수 있습니다. 창의성에 대해 오리무중 속의 안개꽃을 보듯 어렴풋이 알고는 있지만 잘못된 정보와 선입관으로 가득 차 있습니다. 창의성은 열린 마음으로 창의적 문제 해결 과정을 거치면서 정교한 마무리와 끊임없는 노력에 의해 개발될 수 있습니다. 귀하의 선입관과 고정관념 때문에 귀하는 창의적인 삶의 문턱에서 고민하고 있습니다. 훌훌 벗어던지고 창의성의 세계로 들어오십시오. 창의성의 세계는 영혼이 자유롭습니다. 귀하는 창의성에 대해 너무 많은 오해를 하고 있습니다. 창의성은 자유로운 상상력으로만 성취되는 것이 아닙니다. 마음을 열고 창의성 계발에 관심을 가져보십시오. 귀하의 삶에 자유와 창의력을 부여할 것입니다.

41-60점 창의성 인재(人財-property)

귀하의 창의성 마인드는 아마추어 수준이라고 할 수 있습니다. 그러나 알 수 없는 덫에 걸려 있는 상태라고 할 수 있습니다. 창의성을 잘 이해하고 있으며, 열린 마음으로 세상을 보는 능력이 뛰어나며, 창의성에 대해 다른 사람들보다 많이 알고 있는 편입니다. 그러나 한편에서는 과거의 낡은 지식과 고정관념으로 세상을 보려고 하다 보니 창의성의 덫에 걸려 있다고 할 수 있습니다. 귀하의 직무나 생활 속에서 창의적인 사고와 창의적인 삶을 구현하시려면 전문적인 창의성 교육을 받도록 하십시오. 귀하는 현재 논리적이고 분석적인 삶이 우세합니다. 귀하의 삶은 창의성이라는 또 다른 세상을 만나 아름답게 꽃필 수 있을 것입니다. 이제 덫에서 벗어나 진정한 프로의 삶을 추구하십시오.

61-80점 창의성 인재(人材-timber)

귀하의 창의성 마인드는 세미프로 수준입니다. 창의성에 대한 지식과 창의적 관점을 잘 알고 있으며, 창의적으로 세상을 보는 방식이 어떤 것인지를 이해하고 있습니다. 과거의 지식과 경험에 얽매여 세상을 보기보다는 지금-여기서의 삶을 소중하게 생각하는 창의적인 삶을 영위하고 있습니다. 그러나 마음속에 숨어 있는 자기 중심적 사고와 자기 주장이 다른 사람의 관점을 있는 그대로 받아들이지 못하는 아쉬움을 가지고 있습니다. 진정한 프로는 물 흐르듯이 세상을 받아들이고 다른 사람을 나의 뜻대로 고치려고 하지 않습니다. 아주 우수한 창의적 능력을 발휘하여 귀하의 삶뿐만 아니라 주변 사람과 직장, 사회에 기여할 수 있는 삶을 영위하신다면 귀하는 창의성 세계의 지존이 될 가능성이 높습니다.

81-100점 창의성 인재(人才-talent, genius)

귀하의 창의성 마인드는 멘토 수준입니다. 멘토(Mentor)는 위대한 스승, 다른 사람의 삶을 안내하고 지도하는 스승, 후견인, 코치, 카운슬러 등의 의미와 역할을 담당하는 사람을 말하는 것으로 고대 그리스 오디세이 신화에 등장하는 인물입니다. 귀하는 창의성을 정확하게 이해하고 있고, 다른 사람들의 관점을 있는 그대로 보는 능력을 가지고 있으며, 현실 중심적인 사고 방식을 가지고 있습니다. 게다가 창의성에 관한 공부를 많이 하셨거나 평소 인간 중심의 학문에 관심이 많았던 것 같습니다. 귀하의 삶은 그 자체가 다른 사람의 모범과 본보기가 될 수 있을 것입니다. 인성과 사회적 역할에 문제가 없다면 귀하는 귀하의 분야에서 창의적 결실을 맺을 가능성이 매우 높습니다.

슈레! 영혼이 자유로운 곳. 귀하는 창의적인 삶을 사는 창조자이길 기대합니다.

1부

창의넝 패러다임 시대

창의적이지 못하면 살아남지 못한다

21세기를 여행할 때 필요한 지도는 창의성이다.

그렇다면 창의성이라는 지도, 즉 창의성 패러다임을 획득하지 못하는 사람이나 조직, 사회, 국가는 어떻게 될 것인가?

창의성 패러다임을 획득하지 못하면 살아남지 못하고 도태할 것이다.

테크노 아티스트 백남준은 병마와 싸우면서도 연달아 작품을 내놓으며 창의력 있는 삶을 강조한다.

"내 작품 세계에 관해 나는 아이디어가 특이하다는 말을 많이 듣는다. 이를 달리 해석하면 앞서가지 못하면, 창의적이지 못하면 살아남을 수 없다는 뜻이다. 예술의 세계도 그렇고 삶 자체도 마찬가지라고 본다. 창의력 있는 삶을 살려고 노력할 때 반드시 성공할 수 있다. 그것은 나의 신념이다."

창의성 시대에는 미친놈만이 살아남는다

우리가 쓰고 있는 대부분의 컴퓨터에는 이런 딱지가 다소 뽐내듯 붙어 있다.

"intel inside."

지금 이 글을 쓰고 있는 노트북 한켠에도 그 말이 붙어 있다. 펜티엄 칩을 만든 그 인텔사의 앤드 그로브 회장은 회사 구호를 이렇게 정했다.

"미친놈만이 살아남는다." (Only the paranoids survive.)

우리가 속한 사회와 조직은 이런 미친놈을 쉽게 인정하지 않고 받아들이려고 하지 않는다. 생산성 패러다임에 젖어 있는 경직된 사회와 조직 풍토는 이런 사람들을 쉽게 받아들이지 못한다. 그러나 그런 분위기는 결국 창의성과는 점점 거리가 멀어지게 될 것이다.

창의성에서 말하는 미친놈이란 무언가에 몰두할 수 있는 사람 'crazy'와 'flow'를 합친 뜻이다. 열정, 용솟음치는 끼를 말하는 것이다. 이런 미친놈을 거부하지 말고 그런 사람이 끼를 발휘할 수 있도록 멍석을 펴놓을 수 있어야 창의성이란 싹이 틀 것이다.

W이론으로 유명한 이면우는 이렇게 주장했다.

첫째, 믿음직한 미친놈을 찾자.

둘째, 미친놈이 하는 짓을 내버려두자.

셋째, 미친놈이 하는 짓이 좋아보이면 즉시 동참하자.

창의적이려면 창조적 파괴를 해야 한다

무엇인가를 창조하기 위해서는 한 세상을 파괴해야만 한다.

낡은 지식의 파괴, 고정관념의 파괴, 구태의연한 것으로부터의 해방, 패러다임의 전환과 같은 사고 방식과 행동 방식의 혁명을 위한 긍정적 의미의 파괴를 슈펨터는 창조적 파괴(creative destruction)라고 했다.

창조적 파괴를 바탕으로 많은 사람과 기업들이 성장하기도 하고 사라지기도 한다. 그러나 기존의 생산성 패러다임에 얽매여 창조적 파괴, 패러다임의 전환을 획득하지 못하는 개인, 학교, 기업, 국가는 21세기에 창의적 결실을 얻어내기도 힘들 뿐만 아니라 생존하기도 힘들 것이다.

헤르만 헤세의 『데미안』의 한 구절처럼 창의성 패러다임의 시대에는 한 세상을 깨뜨리는 것과 같은 창조적 파괴를 해야만 한다.

"새는 알을 깨고 나온다. 알은 세계이다. 그러므로 한 생명이 탄생하기 위해서는 한 세상을 깨뜨려야만 한다."

창의성은 낡은 지식을 파괴함으로써 나온다

광고 기획자인 잭 포스터는 『어떻게 아이디어를 얻을 것인가』 라는 책에서 창의성에 관해 이렇게 말했다.

첫째, 예전에 어떻게 했는지 따위는 싹 잊어버려라.

둘째, 규칙을 깨뜨려라.

셋째, 비논리적이 되어라.

넷째, 자유로워져라.

다섯째, 그리고 어린아이가 되어라.

옥스퍼드 대학의 에라스무스 윌슨이라는 교수는 1899년 파리 박람회를 마치며, "전깃불에 대한 찬반 논란이 많지만, 내 생각 으로는 박람회 폐회와 함께 전깃불에 관한 논란도 끝이 날 것이 고, 더 이상 전깃불에 관한 얘기도 들리지 않을 것이다"라고 말 했다.

그러나 에디슨은 윌슨 교수의 낡은 지식을 깨뜨리고 꺼지지 않는 초인 전구를 만들었다.

창의성은 도전과 응전의 산물이다

창의성은 기존의 지식과 권위자의 말에 순종하지 않는다. 창의성은 상상력을 바탕으로 새로운 것을 향한 끊임없는 도전과 응전의 역사적 산물이다.

화학자인 로드 켈빈은 1885년 "공기보다 무거우면서 날 수 있는 기계는 불가능하다"고 말했다. 그러나 우리는 소리보다 빠르고 공기보다 훨씬 무거운 비행기를 타고 다닌다.

1893년 미시건 은행장은 "자동차는 신기루이며, 스쳐 지나가는 유행이다"라고 말하면서 포드 자동차에 투자하지 않겠다고 말했다. 그러나 우리는 수십 마리의 말이 끄는 것보다 빠른 자동차를 타고 다니고 있다.

워너 브러더스 영화사의 대표인 해리 워너는 1927년 "도대체 누가 배우의 말을 듣고 싶어하겠는가?"라고 하면서 유성 영화의 도래를 인정하지 않았다. 그러나 우리는 영화관에서 배우의 목소리를 친구가 옆에서 이야기하는 것처럼 듣고 있다.

만약 창조자들이 기존의 지식과 당대를 주도한 전문가, 권위자들의 말에 순응하며 도전하지 않았다면 오늘날 우리 곁에는 비행기, 자동차, 유성 영화는 존재하지 않았을 것이다.

21세기는 창의성 패러다임 시대이다

창의적인 삶을 살기 위해 우리는 사고 방식과 가치를 바꾸어야 한다.

사고 방식과 가치를 바꾸어야 한다는 말은 토마스 쿤(Thomas, S. Kuhn)이 말했던 것처럼 '패러다임의 전환'(paradigm shift)을 이뤄야 하는 것이다.

패러다임(paradigm)이란, 세상을 보는 방식이다.

세상을 이해하는 방식이며, 세상에 대한 태도이며, 세상에 대처하는 행동 규범이다. 그래서 어떤 시대를 이해하고, 어떤 시대 사람들의 심리와 문화, 행동 양식을 이해하려면 그 시대의 패러다임을 분석해보면 알 수 있다.

토마스 쿤의 패러다임

패러다임이란 말은 20세기 과학사의 문제작 『과학 혁명들의 구조』(1962, 1970)를 쓴 토마스 쿤에 의해 널리 사용되기 시작했다. 20세기 후반 이름 없는 과학사학자가 제기한 과학 혁명에 관한 주장은 인문, 사회, 자연 과학의 거의 모든 분야에 영향을 주었다. 그에 관한 논쟁과 서평·논문은 수백

편을 헤아렸고, 언어학 · 신문학 · 미술사 · 사회과학의 필독서가 될 정도로 인기였다.

패러다임이란 말은 사전적 의미로는 '보기', '범례', '특정 영역이나 시대의 지배적인 과학적 파악의 방법'을 말한다. 그러나 패러다임이라는 말에는 보다 복합적이고 까다로운 의미가 들어있다. 언어학자 마가렛 매스터먼(Margaret Masterman)은 쿤이 사용하는 패러다임이란 말은 21가지의 의미로 사용된다고 분석했다. 21가지의 의미는 크게 세 부류로 나누어진다. 첫째, 형이상학적 패러다임으로서 성공적인 형이상학적 사변, 집단의 믿음, 신화 등과 동일시하는 것이다. 둘째, 사회학적 패러다임으로 구체적인 과학적 성취 등을 의미하는 것이다. 셋째, 구성물적 패러다임으로 실제의 교과서, 기구 사용 등의 의미이다. 그러나 일반적으로 쿤의 패러다임이란 말은 그 시대의 과학자뿐만 아니라 그 시대의 사람들이 '세상을 보는 관점'이란 의미로 쓰이고 있다.

스티븐 코비 같은 리더십 연구가는 패러다임을 지도에 비유하며, 정확한 지도를 가지고 있어야 정확한 목적지를 찾아갈 수 있듯이 인생에서 지도 역할을 하는 것이 패러다임이라고 주장하기도 했다. 만약 정확하지 않은 지도를 가지고 여행을 한다면 우리는 정확한 목적지에 도착하기 어렵고 엉뚱한 곳을 헤매다 여행을 마칠 수도 있는 것이다.

21세기의 정확한 지도는 바로 창의성 패러다임이다.

창의성은 위험을 감수하려는 정신이 필요하다

미국의 비즈니스 위크지(誌)는 최근 세계 최고의 경영대학원으로 미국 펜실베니아 대학의 경영대학원 워튼(Wharton) 스쿨을 선정했다.

워튼 스쿨은 미국의 하버드 경영대학원들과 같은 쟁쟁한 경영대학원들을 제치고 6년째 미국 최고 경영대학원으로 선정되었다.

그 대학원의 원장 패트릭 하커는 국내 한 신문과의 인터뷰에서 미국 기업들이 높은 경쟁력을 유지할 수 있는 기반에 관해 이렇게 말했다.

"하나는 글로벌화하고 있는 '효율적인 자본 시장'이고, 다른 하나는 개인과 기업의 '위험을 기꺼이 감수하려는 정신'(sense of risk taking)입니다."

세계 경제를 이끌어가는 많은 CEO(Chief Executive Officer)와 리더들은 한결같이 창조적 파괴와 위험을 기꺼이 감수하려는 도전 정신을 높은 가치로 받아들인다. 창의성 시대는 위험과 실패를 두려워하지 않는 도전 정신, 안정보다는 변화를 추구하려는 진취적 마인드를 필요로 한다.

챈 킴과 르네 모보르뉴에 따르면 가치 혁신자들은 기존의 자산과 역량을 확대하여 기회를 찾기보다는 완전히 새롭게 시작한다는 각오로 접근한다. 그리고 고객의 문제를 해결하기 위해서라면 새로운 사업의 시작도 주저하지 않는다.

창의성 시대의 경쟁에는 함정이 있다

경쟁은 개인과 조직을 발전시키는 동기(motivatio)와 원동력이다. 그러나 많은 개인과 조직이 경쟁의 덫에 걸려 실패하는 경우가 많다.

1983년 컴팩 컴퓨터가 첫 개인용 컴퓨터를 출시했을 때, 대부분의 PC구입자들은 컴퓨터를 잘 다루는 회사원과 기술을 중시하는 사람들이었다. 그 당시에는 IBM이 컴퓨터 산업의 가치 곡선을 결정하고 있었다. 컴팩의 첫 제품인 최초의 IBM 호환용 PC는 분명 완전히 새로운 가치곡선의 창출을 의미하는 것이었다. 컴팩의 제품은 기술과 가격에서도 15%나 저렴했으므로 IBM을 앞섰다.

그 무렵 IBM은 컴팩의 가치 곡선에 맞서 경쟁해서 이기려고만 했다. 컴팩 역시 방어전략을 전개하며 IBM을 경쟁적으로 누르려고만 했다. 그들은 성능, 가격, 편의성 등 모든 면에서 경쟁했다. 특히 컴팩은 지나치게 기술을 강조하면서 고가의 PC를 선보였다. 1980년대 말 IBM의 성장이 추락했을 때 컴팩도 바로 그 뒤를 따랐다.

만약 컴팩이 1980년대 중반 IBM과 경쟁하기보다는 다른 가치 혁신 창출을 했더라면 어땠을까?

　그들은 경쟁의 함정에 빠지지 않았을 것이고 소모적인 에너지 낭비도 줄일 수 있었을 것이다.

　창의성 패러다임 시대에는 경쟁보다는 새로운 가치 혁신을 위한 노력이 필요하다. 소모적 경쟁 에너지를 가치 혁신으로 전환해 투자하는 것이야말로 창의성 패러다임 시대의 성공 논리이다.

창의성은 새로운 가치 혁신을 통해 나타난다

창의적인 삶을 사는 사람들은 어떤 특성이 있을까?

고성장과 고수익을 지속적으로 유지하는 기업은 어떤 특성이 있을까?

그들의 차이는 가치 혁신의 차이이다.

전통적 논리에 따르는 사람은 삶의 의미를 경쟁자를 앞서나가는 것에 둔다. 전통적 논리에 따르는 회사는 전략적 초점을 경쟁자에 맞춰 설정한다. 그러나 가치 혁신자들은 결코 경쟁자를 벤치마킹 대상으로 삼지 않는다.

버진 애틀랜틱이라는 항공사는 일등석 서비스를 없애고 비즈니스 클래스 승객의 공통 가치를 증대시킴으로써 지속적인 성장을 달성할 수 있었다. 그 회사는 비즈니스 클래스 공간을 넓히고, 공항에서 회의에 곧장 참석하는 이들을 위해 목욕과 사무 시설을 제공하며, 비행기 시간에 맞춰 공항까지 고객을 모셔오기 위해 림보바이크라는 모터사이클을 무료로 운행했다.

그 회사는 일등석 고객으로부터 나오는 매출을 과감히 포기하고 고객의 문제 해결이라는 관점에서 비즈니스를 생각하여 항공

산업이 전통적으로 제공하는 표준 이상의 서비스를 제공함으로써 전통적인 견해에 역행했다.

창의적인 사람이나 기업은 상대방과 경쟁하기보다는 '가치 혁신'을 통해 초(超) 경쟁함으로써 창의적으로 문제를 해결한다.

창의성은 전뇌(whole brain)의 소산이다

창의성 패러다임 시대에는 전뇌(whole brain)를 활용해야 한다.

창의성이라는 것은 좌뇌 또는 우뇌 활동의 결과가 아니라 좌뇌와 우뇌가 상호작용한 결과이다.

생산성 패러다임 시대에는 창의성이라는 것이 우뇌의 직관적, 감성적 능력의 소산이라고 생각했다. 그러나 대뇌 생리학의 연구 결과는 좌뇌의 능력과 우뇌의 능력이 조화를 이룰 때 창의성의 가치가 실현될 수 있음을 보여주고 있다. 뿐만 아니라 창의성이 고등 정신 과정을 담당하는 대뇌 피질 영역에서 일어난다는 생각도 달라져야 한다.

창의성은 후뇌, 중뇌보다는 구피질과 신피질로 구성되어 있는 대뇌 피질에서만 일어나는 정신 작용이 아니라 중뇌의 TOP 영역(대뇌의 측두엽, 후두엽, 두정엽의 약칭)과 함께 일어나는 정신 과정이라는 사실이 밝혀졌다. 창의성은 대뇌 반구 한쪽의 문제가 아니라 전뇌의 문제이며, 대뇌 피질의 문제가 아니라 대뇌 피질과 중뇌의 상호작용으로 발현되는 것이다.

❶❶❶ 🖋 스페리의 분리된 뇌

1960년대 캘리포니아 기술 연구소의 심리학자 로저 스페리(Roger Sperry)가 인간의 두 대뇌 반구 사이의 기능 차이를 밝혀낸 이후 좌뇌와 우뇌 중 어느 뇌가 더 중요한 가치를 가지는지에 대한 논란은 계속되었다.

생산성 패러다임의 초기 시대는 좌, 우뇌의 기능 차이를 인식하지 못했다. 그러나 두 대뇌 반구의 뇌 기능 차이를 알고 나서부터는 좌뇌 기능을 강조했다.

인간의 대뇌는 좌반구와 우반구로 나뉘어져 있다.

스페리(Sperry)가 좌뇌와 우뇌가 분리된 사람의 뇌 기능이 다르다는 것을 최초로 밝힌 이후, 보겐(Bogen)은 좌반구는 논리적 명증적(propositional) 기능을 담당하고, 우반구는 직관적 통합적(appositional) 기능을 담당한다는 사실을 밝혀냈다.

좌반구는 언어 · 논리 · 분석적 · 원자적 · 간접적 · 기호적 · 추론적 · 추상적 · 수량적 · 조작적 · 2차적 사고를 주관하고, 우반구는 감각적 · 공간적 · 전체적 · 통합적 · 지각적 · 구체적 · 유추적 · 직관적 · 1차적 사고를 주관한다.

좌반구가 우반구보다 약간 크며 두 대뇌 반구는 신경섬유 다발인 뇌량을 통해 연결되어 있다.

그후 생산성 패러다임의 후기 시대인 8, 90년대에는 좌뇌 중심 사회 구조에 따른 반발로 직관적, 감성적 사고 방식이 강조되며 우뇌의 중요성이 부각되었다. 그런 흐름은 우뇌 계발 교육과 EQ 열풍으로 이어졌고, 좌뇌보다는 우뇌가 더 중요하다는 점이 부각되었다. 그러나 지나치게 우뇌가 강조된 것은 그 동안 좌뇌 중심적인 사고 방식에 대한 반발로 우뇌의 중요성을 강조하려다 보니 나타난 반작용이었다.

창의성은 대뇌가 빚어내는 종합예술이다

아인슈타인의 뇌는 보통 사람보다 컸을까?

1955년 4월 18일. 20세기 최고의 과학자로 불리던 76세의 아인슈타인이 사망했다. 과학자를 비롯한 많은 사람들은 아인슈타인의 두뇌에 관심을 가졌고, 그의 뇌는 프린스턴 대학의 병리학자인 토머스 하비 박사에 의해 검시 도중 분리됐음이 밝혀졌다.

그러나 아인슈타인의 뇌는 240조각으로 나뉘어져 분석되었는데 그의 뇌 무게는 성인 남성의 평균인 1.4kg(여성은 1.25kg)보다 가벼운 1.23kg이었다. 그런데 버클리 대학의 마리안 다이어먼드 박사 팀은 아인슈타인의 뇌에서 언어 및 사고 추리 기능을 담당하는 39구역의 신경아교 세포가 보통 사람보다 훨씬 많다는 사실을 밝혀냈다.

2002년 11월. 아인슈타인의 39구역의 두뇌는 한국 국립서울과학관에서 전시된 바 있다.

신경아교 세포는 신경세포의 물질대사가 원활하도록 도와주는데 39구역의 뇌기능이 아인슈타인의 상대성 이론 발견과 관련 있음을 밝혀냈다. 과연 뇌의 39구역은 논리적 사고와 창의성의 근거지일까?

그러나 창의성은 두뇌의 특정 부분의 산물이라고 할 수는 없다.

뇌의 발달은 후뇌(0~1세), 중뇌(1~2세), 전뇌(2~3세), 대뇌피질(3세 이후) 순으로 이루어진다. 후뇌를 파충류의 뇌, 중뇌를 포유류의 뇌, 전뇌를 영장류의 뇌라고 하는 것은 발달 순서에 따라 뇌 기능의 발달도 다르다는 것을 보여주는 것이다.

얼마 전까지만 해도 창의성과 관련된 뇌는 주로 전뇌와 대뇌피질, 특히 전전두엽 부분이라고 알려져 있었다. 그러나 대뇌생리학이 발달함에 따라 창의성은 전전두엽뿐만 아니라 뇌의 다양한 부분들이 창의성에 관련된다는 사실이 밝혀졌다. 창의성은 대뇌의 많은 영역들이 종합적으로 연출하는 종합예술이다.

🔋 🔋 🔋 ✒️ 창의성과 대뇌생리학의 관계

대뇌피질은 2개의 주요한 부분으로 구성된다. 하나는 계통 발생학적으로 오래된 고피질(allocortex)로 후뇌와 구피질로 구성되어 있으며 대뇌피질의 10%를 차지한다. 다른 하나는 신피질(neopallium)이다. 신피질은 대뇌피질의 대부분을 차지하며 창의성과 밀접한 관련을 가지고 있다.

이런 대뇌피질의 기능은 선천적 후천적으로 결정된다. 그 동안 창의성은 대뇌피질 중에서도 전두엽의 앞쪽인 전전두엽인 PF(prefrontal) 영역이 담당하는 것으로 알려졌었다. 그러나 요즘은 다르다.

PF 영역의 기능은 외계에서 들어오는 혼란한 자극에 대해 목적을 부여하는 것과 주의 집중을 담당한다. 그리고 목적 설정 및 시간적 배열 및 미래를 예상 · 예측하고, 의도적으로 선택 · 조직된 지각이나 사고를 운동 행위로 변환하는 기능을 담당한다. 출생 직후에는 애매한 침묵 상태이나 인간 생활의 최고의 기획 · 총괄적 기능을 담당한다.

이렇게 PF 영역에서 받아들인 정보를 보다 정교하게 가공하는 대뇌 영역이 바로 TOP 영역이다. TOP 영역이란 뇌의 측두엽(temporal), 후두엽(occipital), 두정엽(parietal) 부위를 말하는데, 특히 측두엽의 대부분과 두정엽과 후두엽의 몇몇 부분으로 구성된다.

TOP 영역은 PF가 외계로부터 자극을 받아 그것을 다시 고차원의 구조로 조작하고, 피질의 다른 부분에서 일어나는 모든 자극을 통합하고 정밀하게 다듬어서 TOP 영역에서 고도의 정신구조물로 가공된다. TOP는 추상이라는 최고도의 정신 과정에 필수불가결한 영역이다. 지각, 심상, 여러 가지 일차적, 언어적 상징 등은 이 영역에서 처리되어 최고도의 개념화, 가설, 이념, 논리, 미학, 과학적 탐구로 이어지고 통합된다.

창의성은 PF 영역과 TOP 영역의 끊임없는 상호작용으로 나타나며, 결과물은 시청각, 운동, 언어 중추 영역을 통해 표현된다. 그리고 좌, 우뇌의 기능을 동시에 필요로 한다. 결국 창의성은 뇌의 어떤 특정 영역에서만 이루어지는 것이 아니라 뇌 전체가 만들어내는 종합예술이다.

창의성의 사고 방향은 수평적이다

인간의 사고 방향은 다양하다. 하지만 인간의 사고 방향은 크게 수직 차원과 수평 차원으로 나눌 수 있다.

CoRT(Cognitive Research Trust)라는 사고력 훈련 프로그램으로 유명한 에드워드 드 보노(Edward De Bono)는 인간의 사고 방향을 수직적 사고(vertical thinking)와 수평적 사고(lateral thinking)로 구분했다.

수직적 사고는 주로 생산적 패러다임 시대에 적합한 사고 방향이며, 수평적 사고는 창의성 패러다임 시대에 필요한 사고 방향이다.

생산성 패러다임 시대의 사고 방향은 수직적이었다.

위계질서, 상명하복의 명령 구조, 피라미드로 해석되는 인구 분포와 정상 분포 구조, 먹이 사슬과 같은 사회 구조, 논리적 귀납적 사고 방식, '맞느냐' - '틀리느냐'의 해결 방식, 'yes' - 'no'의 생활 태도는 수직적이다. '위에서 아래로' 또는 '아래에서 위로'의 엘리베이터 같은 사고 방향을 가지고 그 틀에서 벗어나는 것을 두려워했고, 벗어나지 않을 때 모범적이고 적응적이었다.

그러나 창의성 패러다임 시대의 사고 방향은 생산적 패러다임과는 다르다.

창의성 패러다임의 사고 방향은 유머, 통찰, 병렬적 처리, '맞느냐' - '틀리느냐' 보다는 판단을 유보하는 해결 방식, 논리적인 처리보다는 직관적인 처리를 강조한다. 사고 과정이 단계적 절차와 통로를 따르지 않으며, 기존의 방법과 원리에 계속하여 도전한다. 흔히 창의성이라고 부르는 사고 방식이며 측면적 사고라고도 부르는 수평적 사고는 기존의 엘리베이터식 사고 방향과는 확실히 다르다.

창의성 패러다임 시대에는 틀에서 벗어나는 것을 두려워하지 않고, 오히려 틀에서 벗어나는 것이 모범적이고 적응적이다.

창의성은 발산적 사고가 중요하다

　사람들이 생각하는 방식인 사고 방식도 역사와 그 시대의 패러다임에 따라 변한다. 사람들의 사고 방식은 크게 수렴적 사고와 확산적 사고로 구분된다.

　창의적으로 사고하려면 수렴적 사고와 확산적 사고 모두 필요하지만 상대적으로 확산적 사고가 더 강조된다.

　생산성 패러다임 시대에는 수렴적 사고 방식이 강조되었다.

　수렴적 사고(convergent thinking)란, 주어진 정보에서 새로운 아이디어를 생성해내는 것이 아니라 이미 생성된 아이디어들 중에서 최선 또는 최고라고 하는 것을 선택하고 찾아내는 것을 강조하는 것이다. 어떤 데이터나 정보가 주어지면 그 중에서 어떤 것이 최선의 정답인지는 대개 정해지는데 이런 사고 유형은 주로 좌뇌 능력과 관련된다.

　그러나 생산성 패러다임 시대에 비해 창의성 패러다임 시대에는 확산적 사고가 중요하다.

　확산적 사고(divergent thinking)는 주어진 정보에서 새로운 정보를 생성해내는 것을 말한다. 데이터나 정보원이 같더라도 그 결과물을 얼마나 다양하게 산출하고, 다량으로 만들어내느냐가 중

요한 확산적 사고는 발산적 사고라고도 하며 주로 우뇌 능력과
관련된다.

지능의 구조 모형(SOI)

길포드(J. P. Guilford)는 1950년 미국 심리학회 취임 연설에서 창의성 연
구의 촉진과 중요성을 설파했다. 그는 유명한 지능의 구조 모형(SOI 모델,
Structure of Intelligence, 1956)을 제안했다.

SOI 모델에서 길포드는 지능이 단일 차원이 아니라 내용, 조작, 산출의 3
차원으로 구성된다고 주장했다.

내용은 도형 · 상징 · 어의 및 행동 4가지이고, 조작은 인지 · 기억 · 수렴
적 사고 · 확산적 사고 · 평가 5가지이다. 그리고 조작을 통해 얻어진 산출
은 단위, 유목, 관계, 체제, 변형, 함축의 6가지이다. 지능은 내용과 조작, 산
출의 상호작용인 120개의 구조로 이루어져 있다.

길포드는 여러 가지 지능 구조 요소 중에서도 특히 수렴적 사고와 확산적
사고의 조작 과정을 일컬어 생산적 사고(productive thinking)라고 불렀다.

창의적 사고를 위해서는 수렴적 사고와 확산적 사고가 상보적으로 모두
필요하다. 하지만 굳이 따져본다면 창의성에는 확산적 사고가 더 중요하다.

창의성은 적응보다는 창조를 강조한다

패러다임 전환이 일어나면 사고방식, 생활방식, 생산방식, 문화, 가치, 정책, 조직 풍토, 비전 등 많은 부분이 달라진다. 새로운 지식과 정보, 사고력, 인성, 패러다임을 가르치는 교육 분야의 목표도 상당히 다르다. 생산성 패러다임 시대에는 기법, 처세, 적응을 강조하는 교육 목표를 가지고 있었다.

어떻게 하면 인간관계를 잘할 수 있고, 어떻게 하면 다른 사람을 잘 설득시키고, 사회적으로 성공하기 위한 방법은 무엇이고, 튀는 것보다는 조직 문화와 풍토에 잘 적응하는 방법을 알려주고자 했다. 그러나 마음이 함께 하지 않는 처세는 사기일 뿐이며, 조직의 규범과 틀에 맞추려는 교육은 사람의 본성을 억압했기 때문에 타성에 젖은 문화를 만들어냈다.

그에 비해 창의성 패러다임 시대에는 피상적이고 현상적인 교육 목표보다는 좀 더 근원적이고 본질적인 교육 목표를 가지고 있다. 사람의 내면 세계와 행동 간의 관계를 탐색해서 마음의 근원부터 변화를 느끼게 하고, 긍정적인 삶의 자세와 상호 존중적인 삶의 자세를 강조하며, 순응하고 적응하는 삶보다는 도전하고 창조하는 삶을 온몸으로 느끼도록 하는 교육 목표를 강조한다.

창의성은 경쟁보다 초경쟁을 해야 한다

경쟁이란 말 'competition'은 라틴어에서 유래된 말로 '함께 추구하는 것'(seeking together)이란 뜻이다. 여러 사람이 공동의 목표를 향해 경주하듯 달려가는 것을 말한다. 그러나 이렇게 경쟁만 하다보면 우리는 우리가 얻으려고 하는 것을 진정 얻을 수 없다. 오히려 얻을 수 있는 것을 잃는 경우도 많다.

창의성 연구에 일가견이 있는 에드워드 드 보노(Edward De Bono)는 경쟁만 하다보면 자신의 범주를 벗어나기 힘들고, 비록 지금 개발한 제품이나 서비스가 가지고 있는 '가치'에 대해 의문을 갖지 않고 기술이나 비용 절감에 성공한다 할지라도 그것은 경쟁 수준을 넘기 힘들다고 주장했다. 창의성 패러다임에서는 경쟁보다는 경쟁을 초월한 초경쟁을 필요로 한다. 사회적으로 성공하든 인간관계에 성공하든 자기 완성을 하든 인생의 어떤 한 분야에서 성공하려면 이제 당신은 경쟁을 넘어 '초(超)경쟁'(surpetition)을 해야 한다. 에드워드 드 보노는 경쟁을 넘어 성공을 향해 새로운 가치를 창조하는 과정을 초(超)경쟁(surpetition)이라는 말로 표현했다. 원래 에드워드 드 보노는 '넘어서', '초월하여'라는 뜻의 'sur'와 'petition' 사이에 '/'를 넣어서 표현했다.

창의성은 새로운 가치제조(valuefacture)이다

창의성 시대에는 다른 사람들과 비슷한 제품을 만들고, 비슷한 서비스를 제공해서는 살아남을 수 없다. 기존의 제품에 고객이 원하는 새로운 가치 개념을 창조해서 부가가치를 제공해야만 성공할 수 있다. 이런 부가가치를 제공할 때 고객 만족과 비즈니스의 생명력이 생겨날 수 있는 것이다. 이런 부가가치의 창출이 바로 '가치제조'이며, 초(超)경쟁의 출발점이다.

에드워드 드 보노는 초경쟁을 통해 새로운 가치를 창조하는 것을 표현하기 위해 '가치'(value)와 '제조'(manufacture)란 단어를 합성해서 '가치제조'(valufacture)란 신조어를 만들었다.

이제 21세기는 새로운 가치제조(valufacture)를 이룩하며 초경쟁하는 사람이 성공할 수 있는 창의성 패러다임의 시대이다.

창의적 초경쟁을 하려면 4C가 필요하다

창의성 패러다임 시대에 새로운 가치제조를 하고, 초경쟁을 하기 위해 필요한 것들은 무엇인가?

에드워드 드 보노는 새로운 가치제조와 초경쟁을 하기 위해 필요한 조건을 4C—competence, control, care, creativity—로 정리했다.

첫째는 능력(competence)이다.

능력이란 적성, 질, 효율성, 효과성, 해야 하는 것을 성취하는 개인적 능력과 조직의 능력을 말하는 것으로 경쟁의 기본이며 초경쟁의 디딤돌이다.

둘째는 통제(control)이다.

통제는 비용 통제, 전략, 진행되고 있는 프로젝트에 대한 지식 등과 같은 좌뇌적, 논리적, 수직적 능력이다.

셋째는 관심(care)이다.

관심이란 감성적인 배려, 소비자와 동료들에 대한 애정, 지역사회에 대한 서비스와 같은 것으로 감성적, 우뇌적 능력이다.

넷째는 창의성(creativity)이다.

창의성이란 비즈니스의 영혼(soul)이며, 새로운 가치를 창조하

는 것으로 좌뇌적 능력과 우뇌적 능력의 조화로 가능하며, 전뇌
적 능력이다.

초경쟁을 위한 4C는 창의성 시대의 자기 계발, 교육, 비즈니
스, 인간관계, 기업과 사회 발전을 위한 필수 요소이다.

창의성은 성격보다 인성을 중시한다

창의성의 주인공은 사람이다. 그러다 보니 창의성은 사고 능력과 지적 능력 못지 않게 심리적 특성인 마인드(mind)도 중요한 요소이다.

사람의 마인드도 시대에 따라 변하는데, 생산성 패러다임 시대와 창의성 패러다임 시대에 강조되는 마인드 역시 변했다.

생산성 패러다임 시대에는 성격(personality)을 중시했다.

영어의 성격이라는 말 'personality'는, 'per-' '무엇 무엇을 통하여'라는 말과 'sonare' '말하다'는 의미가 합쳐진 말이다. 그 말은 곧 '가면'(persona)이라는 뜻이다. 성격은 후천적이고 사회심리적이다. 생산성 패러다임 시대에는 연극 무대에서 사람들이 가면을 쓰고 말하듯 사회적 처신, 체면, 눈치, 커뮤니케이션 기술과 같은 가식적이고 이차적인 성격이 강조되어 왔다. 그러나 창의성 시대에는 가면을 벗고 참된 자기 모습을 찾아야 한다.

창의성 패러다임 시대에는 인간에 대한 접근을 할 때 성격보다는 인성에 대한 접근을 시도한다.

창의성 패러다임은 성격보다는 인성(character)을 강조한다. 'character'라는 말은 원래 '조각하다'는 어원을 가지고 있다. 인

성이란 선천적으로 가지고 태어나는 특성과 후천적 경험의 상호
작용으로 나타나는 참된 자기의 모습이다. 인성은 소리 없이 우
리의 삶에 영향력을 미치며, 우리의 삶을 지배한다. 인성은 무의
식적이며, 자연스럽고, 가식적이지 않으며, 일차적이다.

　성격이 현상에 초점을 맞춘다면 인성은 본질에 초점을 맞추는
것이다.

창의적이려면 창의적 습관이 필요하다

인성 발달에는 다양한 요인들이 영향을 미친다.

유전, 환경, 경험, 지식, 습관, 패러다임 등등.

그러나 창의적 인성에 영향을 미치는 가장 중요한 요소는 습관이다.

성공하는 사람들의 특성은 'KASH' ― '지식', '태도', '기술', 그리고 '습관' ―이다. 그 중에서도 습관은 실천 강령으로서 매우 중요하다.

미국 격언 중에는 이런 말이 있다.

"우리가 생각의 씨앗을 뿌리면 행동의 열매를 얻게 되고, 행동의 씨앗을 뿌리면 습관의 열매를 얻는다. 습관의 씨앗은 인성을 얻게 하고, 인성은 우리의 운명을 결정 짓는다."

이 말은 생각 → 행동 → 습관 → 인성 → 운명의 중요성을 강조하는 말이다. 우리나라 속담에도 "세 살 버릇 여든 간다"는 말이 있듯이 습관은 우리 삶을 결정하는 중요한 변수이다. 그러나 세 살 버릇이 여든 갈 때까지 고루한 타성에 젖어 살아갈 수는 없다. 새로운 시대의 습관을 받아들여야 한다.

습관은 영구불변의 고정화된 것이 아니다. 습관이 형성되는 것

은 하나의 과정이고, 당사자의 무한한 결의와 몰입을 통해 얻어
질 수 있는 것이다.

　우리의 삶과 행동을 창의적으로 하려면 우선 창의적으로 생각
하고 행동하는 창의적 습관에 빠져야 할 것이다.

창의적 습관에 빠지는 것은 다이어트보다 어렵다

세 살 버릇 여든 가는 것처럼 한 번 몸에 밴 습관은 고치기 어렵다. 기존의 사고방식과 행동방식을 파괴하고 새로운 패러다임인 창의성 사고방식과 행동방식을 획득하는 과정인 창의적 습관 획득 과정은 다이어트보다 훨씬 더 어려운 과정이다.

신경생리학, 특히 대뇌생리학에서는 습관을 잉그램(engram)으로 설명한다.

신경심리학자인 헵이 신경생리학적인 학습 과정을 설명한 이후, 과학의 발달과 함께 대뇌의 신경원(neuron)에 관한 연구는 더욱 발전했다. 신경원은 세포의 기본 단위인데, 시냅스(synapse)라는 연접을 통해 서로 네트워크를 형성한다. 시냅스는 경험이 반복될수록 처음 경험의 패턴을 다시 활성화시켜서 작용하는 패턴을 만드는데 이것을 잉그램이라고 한다.

하나의 뉴런에서 다른 뉴런으로 메시지(사고, 기억)가 전달되면 '기억 흔적'이라 부르는 신경통로를 형성한다. 이러한 통로는 자주 사용할수록 분명하고 강력한 '형태'(pattern)를 만든다. 이런 과정을 통해 수많은 작은 형태가 만들어지고 이들이 다시 모여 여러 가지 수준의 거시적 형태들을 창조하고 사용하게 된다.

다시 말하면, 인간의 대뇌는 무수한 형태의 '마음의 지도'(Maps of mind)를 만들고 있다. 이러한 뉴런의 네트워크를 에크레스 (Eccles, 1973)는 잉그램(engram)이라고 불렀다. 잉그램은 뉴런의 네트워크로 고도의 정신 과정을 매개하며 대뇌피질에 넓게 퍼져 있다. 인간의 정신적 발달은 잉그램 형태의 발전 및 기능의 변화 과정, 분화 과정이다.

습관은 이런 잉그램의 표현이므로 창의적 습관에 빠진다는 것은 두뇌 세포의 네트워크를 새롭게 만드는 것이다. 그러므로 창의적 습관에 빠지려면 다이어트를 하는 것보다도 훨씬 많은 에너지와 지속적이고 반복적인 노력이 필요하다.

습관은 지식, 기술, 그리고 욕망의 혼합체이다

우리나라에 『성공하는 사람들의 7가지 습관』이라는 책으로 번역되어 소개된 『The 7 habits of highly effective people』이라는 책에서 스티븐 코비는 습관을 '지식, 기술 그리고 욕망의 혼합체' 라고 정의했다.

이런 습관은 인성을 형성하고, 인성은 다시 패러다임에 영향을 미치며, 패러다임은 다시 인성에 영향을 미치고, 인성은 다시 습관을 변화시키는 순환론적 과정을 되풀이한다.

쉽지는 않지만 이런 과정을 통해 습관이 바뀌고 인성도 바뀌고 패러다임도 변화할 수 있는 것이다.

〈창의적 습관 10가지〉
① 아이디어가 떠오르면 즉시 기록하자.
② 필요는 발명의 어머니이다.
③ 더하기, 빼기도 발명이다.
④ 모양을 바꿔봐라.
⑤ 용도를 바꿔봐라.
⑥ 반대로 생각하라.

⑦ 남의 아이디어를 빌려라.

⑧ 크게 하고 작게 하라.

⑨ 폐기물을 이용하라.

⑩ 재료를 바꿔라.

창의성은 질보다 양을 중시한다

역사학자 칼리레는 '역사는 소수 영웅의 역사이다'라고 말하며, 질적으로 우수한 소수의 사람이 지배하는 사회를 강조했다. 질을 결정하는 것은 비용, 시간, 카리스마, 대중적 인기, 속도, 크기와 같은 것들이었다.

그렇다. 생산성 패러다임의 시대에는 양보다는 질을 중요하게 생각했다.

투자한 것에 비해 얼마나 효율적인 산출을 만들어냈느냐를 중요하게 생각했고, 얼마나 질적으로 좋고, 차원이 다른 독특한 것을 만들어냈느냐에 초점을 맞추었다. 다수의 무능한 사람보다는 한 사람의 영웅을 원했고, 강력한 카리스마가 있는 리더십을 원했다.

그러나 창의성 패러다임의 가치는 질적인 것보다는 양적인 것을 강조한다.

생산성 패러다임의 시대에도 창의성에 관한 연구는 있었다. 그러나 생산성 시대의 창의성 연구는 '독특성', '신기성'과 같은 질적인 측면만을 강조했다.

사실 '독특성은 창의성의 꽃'이라고 할 정도로 창의성에서 중요한 요소이다. 하지만 우리가 머리속에서 독특성이라는 질만 따지다보면 독특한 것은 머리속에서 사라지고 말 것이다. 많은 양의 아이디어 속에서 질적으로 쓸 만한 아이디어도 나오는 것이다.

창의성 패러다임 시대에는 질보다는 양이다.

창의성 시대에는 양이 질을 낳는다

세잔느는 정물 위의 과일을 그릴 때 "우리는 빛에 의해 속고 있을 뿐이다"라고 말하며 같은 대상을 빛과 방향을 달리하면서 백 번 이상 그렸다. 심리학 최초의 실험실을 개설한 독일의 분트는 일생에 걸쳐 5만 페이지 이상의 원고를 남겼다. 하루에 700단어 이상을 써야만 하는 분량이다.

1%의 영감과 99%의 노력을 강조한 에디슨은 전구 필라멘트를 발명할 때, 불이 들어오게 하는 방법을 알아내려고 수천 번의 실험을 했다. 그 덕분에 에디슨은 수백 가지의 물질을 알게 되었고, 1,094개의 특허를 획득할 수 있게 되었다.

"양이 질을 낳는다."

그렇다고 해서 질적인 것을 완전히 무시하는 것은 아니다. 그러나 질적인 것을 추구하다 보면 아이디어를 얻을 때, 판단할 때 소중한 아이디어들이 가치 평가에 의해 묻혀버릴 수도 있고, 비판이 두렵거나 웃음거리가 될 것이 부끄러워 아예 아이디어를 만들어내지 못할 수도 있다.

창의성 패러다임 시대에는 생산성 패러다임 시대보다 더 양적인 것을 원하며 섣부른 가치 판단을 유보한다.

t i P 생산성 패러다임과 창의성 패러다임의 비교

	생산성 패러다임	창의성 패러다임
1. 두뇌 특성	좌뇌 또는 우뇌적 사고	전뇌적 사고
2. 사고 방향	수직적 사고	수평적 사고
3. 사고 유형	수렴적 사고	확산적 또는 발산적 사고
4. 교육 목표	기술, 처세, 적응	태도, 삶의 자세, 창조 중심
5. 사회적 환경	경쟁(competition)	초(超)경쟁(surpetition) 중심
6. 인간 접근법	성격(personality)	인성(character)
7. 가치	양 〈 질	양 〉 질

창의성은 제우스와 므네모시네의 만남이다

창의성이 어떻게 만들어지고 탄생하는지는 그리스 신화를 통해서 엿볼 수 있다.

창의성과 관련된 신은 뮤즈이다. 뮤즈는 므네모시네와 제우스의 자식이다.

므네모시네는 기억의 여신이고, 제우스는 힘과 에너지를 상징하는 남성 신이다.

기억을 상징하는 므네모시네와 힘과 에너지를 상징하는 제우스가 만나 태어난 신이 바로 창의성의 신인 뮤즈이다.

뮤즈 탄생 신화는 창의성이 기존의 지식, 데이터, 정보라는 기억과 내적 동기부여와 같은 창조적 힘과 에너지가 결합할 때 나타날 수 있음을 잘 보여준다.

창의성은 기억이라는 것만으로도 탄생할 수 없고, 힘과 에너지만으로도 탄생할 수 없다. 여자와 남자가 만나 아이를 낳는 것처럼, 기억과 에너지가 사랑스럽게 만나야 창의성이라는 옥동자를 낳을 수 있는 것이다.

창의성과 9명의 뮤즈

그리스 신들 중 최고 지배자인 제우스(Zeus)는 원래 낮의 밝은 하늘을 의미한다. 그는 항상 기상학적 현상, 특히 비, 우박, 눈, 번개 등을 맡아보는 신이었다. 제우스는 호메르스가 '신들과 인간의 아버지'라고 불렀고, 정력적으로 많은 여인들과 결혼했다. 그리스인들은 어느 시대에도 중혼을 인정하지 않았지만 그는 여러 여신과 님프 및 인간의 여자들과 접촉을 가져 많은 자식을 낳았다는 얘기가 전해진다. 그 중에서도 티탄족의 여신이었던 기억의 여신 므네모시네(Mnemosyne-영어로는 니마서니)와 만나 9명의 뮤즈를 낳았다.

제우스는 다른 여신들보다 기억의 여신인 므네모시네와 특히 더 많은 시간을 보냈는데, 한 번은 9일 낮밤을 계속하여 사랑을 나누었다고 한다. 그 결과 9명의 뮤즈(Muse)가 태어났다. 뮤즈는 미술, 음악, 문학의 여신으로 나중에는 역사, 철학, 천문학 등 다양한 지적 활동을 맡아보는 여신이 되었다.

날개가 달려 있는 것으로 알려진 뮤즈들은 주로 산에서 살았는데, 영어의 마인드와 비슷한 의미로 '기억' 내지 '생각나게 하는 것'을 의미한다. 헤시오도스는 9명의 뮤즈들의 이름과 그들이 담당한 역할을 설명했다. 칼리오페는 '아름다운 목소리'로 서사시를 수호했고, 클레이오는 '명성'으로 역사를 수호했고, 에우테르페는 '기쁨'으로 피리불기를 수호했고, 테르프시콜라는 '춤의 기쁨'으로 서정시 또는 춤을 수호했고, 에라토는 '사랑스러움'으로 서정시 또는 노래를 수호했고, 메르포메네는 '노래하는 것'으로 비극을 수호했고, 타레이나는 '풍요로움·환성'으로 희극을 수호했고, 포림니아는 '많은 노래'로 흉내를 수호했고, 그리고 우라니아는 '천공의'로 천문을 수호했다.

이들 뮤즈 신 각각이 바로 창의성을 상징하는 것이다.

창의성은 본능이다

과연 창의성은 타고나는 것일까, 만들어지는 것일까?

사람들은 누구나 본능적으로 창의성을 가지고 태어난다.

사이코드라마를 창시한 야콥 모레노(Jacob L. Moreno)는 그의 이론과 작업의 기초로 창의성 이론을 주장했다.

창의성(creativity)은 본능이다.

본능이라는 말은 생물학적인 의미가 강하다. 생물학적인 의미가 강하다는 말은 다시 말해 인간이라는 종 특유의 행동이라는 의미이며, 거역할 수 없는 자연의 흐름이고, 자연발생학적이라는 의미이다.

창의성의 욕구는 후천적이고 학습으로 이루어지는 고차원적인 욕구가 아니라 인간이라는 종족 속에 면면히 흐르는 집단 무의식 속에 깊이 자리하고 있는 선천적이고 본능적인 에너지의 용솟음이자, 개인 무의식의 강력한 분출이다.

창의성은 자발성을 통해 구현된다

　세상에는 레오나르도 다 빈치, 모차르트, 베토벤 같은 수많은 천재들이 태어나지만 누구나 다 그런 천재가 되는 것은 아니다.

　모레노는 창의성 이론뿐만 아니라 자발성 이론도 주장했다.

　자발성도 창의성처럼 본능적이다.

　모레노는 자발성과 창의성을 상호작용하는 이중적인 과정으로 보았다.

　모레노는 창의성을 심상의 근원이며, 중요한 본질로 보았다. 그리고 자발성을 새로운 상황에 대한 적절한 반응이며, 창조적인 심상을 행위를 통해 결실을 맺게 하는 목표나 힘으로 보았다. 창의성이 심상이나 아이디어라면 자발성은 그것을 구체화하고 실현하는 중요한 촉매이다.

　결국 창의성과 자발성은 함께 구현될 때 비로소 결실을 얻을 수 있는 것이다.

ᴛ ɪ ᴘ   자발성의 종류와 자발적인 바보

자발성의 종류는 새롭고 적절한 순수한 자발성, 새롭기는 하지만 적절하지 않은 병적인 자발성, 새롭지는 않지만 적절한 상투적 자발성이 있다.

첫째, 순수한 자발성은 데스크 탑 컴퓨터를 들고 다니며 사용할 수 있는 노트북 컴퓨터로 만드는 것처럼 새로운 아이디어를 현실에 적절하게 구현하는 자발성이다.

둘째, 병적인 자발성은 파티에서 다른 사람들의 시선을 끌기 위해 갑자기 누드 쇼를 펼치는 것처럼 새롭기는 하지만 현실에 적절하지 않은 자발성이다.

셋째, 상투적인 자발성은 강의를 하는 강사가 수강자들의 특성에 맞춰 강의 내용을 변경해서 재미있고 적절하게 강의를 하지만 전체적인 내용은 새로운 것이 아닐 때의 자발성이다.

우리는 주변에서 심상이나 아이디어와 같은 창의성도 없이 돈키호테처럼 무조건 사업을 시작하고 돌진하는 사람들을 흔히 볼 수 있다. 이런 사람들을 일컬어 모레노는 '자발적인 바보'라고 하였다.

그에 비해 심상이나 아이디어는 있으면서도 그것을 구체적으로 실현할 만한 능력과 의지가 없는 사람들은 자발성이 없는 사람들이다. 그럴 경우 사람들은 언뜻 창조적으로 보일 수 있다. 그러나 자신의 창조적인 심상이나 아이디어를 실현시키는 데 필요한 자발성을 불러일으키지 못하면 그저 순수한 심상이나 아이디어에 불과하다.

스트레스와 불안은 창의성을 억압한다

스트레스가 많고 불안하면 창의적일 수 없고, 자발적이지도 않다.

우리는 어떤 아이디어를 생각하면, 그것을 구현하고 적용하는 방법을 찾으려고 마음속으로 곰곰이 생각한다. 다른 사람들과 자신의 아이디어에 대해 이야기도 하고, 그런 과정을 통해 행위를 위한 준비를 하고, 워밍업을 한다. 그런 워밍업 과정을 통해 아이디어를 현실화시킬 수 있는 충분한 정보와 자원을 갖게 되면 자발성은 창의성의 촉매 역할을 하게 된다.

그러나 현대인들은 직장, 사회, 가정 생활로 인한 스트레스가 너무 커서 그에 대처하기 위해 자신의 하루를 덧없이 살아가는 경우가 많고, 구태의연한 습관을 따르며, 생활의 많은 영역에서 활기 없고 일상적인 일에 빠져든다. 사람들은 자발성보다는 불안에 떨고 있는 경우가 많다. 모레노는 특히 불안이 자발성을 위축시켜 창의성도 함께 위축시키는 중요한 요소라고 주장했다.

스트레스와 불안 때문에 자발성이 위축되면 창의성은 표현되지 못한다.

그래서 자발성 훈련이 필요하다. 자발성 훈련은 사람들에게 상황에 대한 자발적 반응을 회복시키기 위해 가상적인 상황 속에서 즉각적으로 반응하도록 훈련한다.

　모레노는 『누가 살아남을 것인가』(1953)라는 책에서 자발성 워밍업이 중요하다고 주장했다.

창의성과 자발성은 보존성을 만든다

창의성과 자발성이 상호작용하면 무엇이 만들어지는가?

창의성과 자발성이 만들어내는 것을 모레노는 보존성이라고 불렀다.

창의성과 자발성이 결합될 때, 그 결과 또는 결과물이 보존성(conserve)이다. 보존성은 사회적 제도와 규칙, 고정관념과 같은 사회 보존성(social conserve), 자동차 · 컴퓨터 · 인쇄기 · 발명품과 같은 기술 보존성(technological conserve), 음악 · 미술 · 문학 작품 같은 문화 보존성(cultural conserve)처럼 다양하다.

보존성은 창조성과 자발성의 결과물로서 모든 창조적 활동의 결과이자 또 다른 창조적 활동의 기초이다.

보존성은 다른 창조적 행위의 기초가 되기도 한다.

신화를 바탕으로 그린 미켈란젤로의 그림, 셰익스피어의 희곡을 바탕으로 작곡한 멘델스존의 '한여름 밤의 꿈', 동전 주조기와 포도주 압축기를 활용한 구텐베르크의 인쇄기 등은 하나의 보존성이 다른 보존성, 즉 창조적 행위의 기초가 되는 사례들이다.

창의성에는 돈키호테와 햄릿 모두 필요하다

창의성에는 돈키호테처럼 행동이 앞서는 사람이 어울릴까?, 햄릿처럼 고민하는 사람이 어울릴까?

과거에는 창의성을 흔히 창의력, 창조력이라고 불렀다.

창의력이나 창조력이라는 명칭은 창의적 사고 기술과 창의적 능력을 강조하는 말이다. 그래서 과거의 창의성 연구 분야는 지적 능력의 일부로서 문제 해결 능력에 관심이 많았다. 그러나 창의성은 창의력뿐만 아니라 창의적 성격, 태도, 동기, 인내력과 같은 인성적인 측면도 필요하다.

창의성(creativity)은 인성과 사고력으로 이루어진다.

아무리 창의적 인성을 갖췄다고 해도 창의적 사고력이 뒷받침되지 못하면 의욕 넘치는 돈키호테에 불과하다. 거꾸로 창의적 인성은 갖추지 못하고 창의적 사고력만 갖췄다면 '사느냐, 죽느냐'를 고민하다 시간을 보내는 햄릿과 같다.

창의성은 돈키호테와 같은 실천적 인성도 필요하고, 햄릿처럼 고뇌하고 생각하는 사고력도 필요하다.

창의성의 종류는 다양하다

톰 우젝은 창의성을 다음과 같이 표현했다.

"창의성이란, 하나의 사물을 여러 곳에서 음미하는 조각상과 같다."

사람의 개성이 제각각이듯 창의성도 어떤 관점과 기준, 어떤 시각에 따라 보느냐에 종류가 다양할 수밖에 없다.

영국의 성격 심리학자 아이젠크(Eysenck)는 창의성을 신기성 (novelty)을 기준으로 구분했다.

아이젠크는 창의성을 개인적 신기성(private novelty)과 공공적 신기성(public novelty)이라는 개념으로 구분해서 설명했다.

개인적 신기성이란 개인에게 새롭고 의미 있는 창의성이다. 그에 비해 공공적 신기성이란 개인뿐만 아니라 다른 모든 사람들에게도 새롭고 의미 있는 창의성이다.

☺ⓘⓟ ✎ 보든이 주장하는 창의성의 종류

보든(Boden, 1994)은 창의성의 종류를 개인과 역사적 수준에 따라 '심리적 창의성'과 '역사적 창의성', 그리고 입력 정보를 어떻게 변환시키느냐에 따라 '있을 법하지 않은 창의성'과 '믿기 어려운 창의성'으로 구분했다.

1. 심리적 창의성과 역사적 창의성

1) 심리적 창의성(psychological creativity-P 창의성)은 개인적인 수준의 창의성으로 개인의 마음속에 이전에 없었던 가치 있는 생각이나 결과를 말한다. 그러나 심리적 창의성은 개인의 경험, 과거에 누적된 지식, 학교 교육 등의 영향으로 인해 나타나는 창의성으로 역사적 창의성을 포함하기도 한다.

2) 역사적 창의성(historical creativity-H 창의성)은 개인적인 수준에서의 경험뿐만 아니라 인류의 역사상 그 누구도 가져보지 못한 생각과 결과를 말한다. 그러나 역사적 창의성은 검증하기 힘들다. 우리가 어떤 새로운 발명을 했더라도 그런 생각을 과거에 그 어떤 사람도 하지 않았으리라는 보장은 없다. 가령 진화론 이전에도 진화론적인 관점은 존재했으며, 프로이트의 정신분석 이전에도 무의식에 관한 연구는 존재했었다. 그렇다고 해서 그 이론들의 창의적 가치가 떨어지는 것은 아니다.

2. 있을 법하지 않은 창의성과 믿기 어려운 창의성

1) '있을 법하지 않은 창의성'(improbable creativity)은 이전에 친숙한 아이디어를 매우 색다르게 조합하여 가치 있는 것을 만들어내는 것으로, 현실적이지 않은 것으로 생각하기 쉬워 매우 엉뚱해 보이는 창의성이다. 우리가 흔히 창의적이라고 부르는 것들이다. 가령, 공기보다 무거운 것도 날 수 있다고 믿으면서 비행기를 만들고, 달나라에 갈 수 있다고 생각하면서 우주여행을 하는 것 등이다.

2) '믿기 어려운 창의성'(impossible creativity)은 이전에는 없었던 전혀 새로운 개념에서 출발하기 때문에 새로운 개념적 공간, 즉 전혀 새로운 표상체계를 동시에 같이 창출해내야만 이해할 수 있는 창의성이다. '믿기 어려운 창의성' 예로는 코페르니쿠스의 '지동설', 다윈의 '진화론', 프로이트의 '무의식 발견' 등이 있다.

어떻게 창의적인가가 중요하다

사람들마다 사고방식이 다르고, 정보를 수집하고, 처리하고, 학습하고 결정을 내리는 개인적 선호(personal preference)도 다르다.

사고방식은 지능과 성격을 가운데서 매개하는 기능을 담당하고, 자신의 지능을 사용하는 방법이기도 하다.

개인의 선호에 따라 사고방식도 달라진다.

이 말은 결국 개인마다 창의적으로 잘 할 수 있는 일도 다르다는 사실을 말하는 것이다.

전통적으로 많은 연구들이 개인이 가지고 있는 창의성의 수준, 즉 양에 초점을 두고 있었다. 이러한 접근법의 기본은 "나는 얼마나 창의적인가?" 였다. 그러나 창의성에 대한 최근 연구는 많이 달라졌다.

"나는 얼마나 창의적인가?" 는 중요하지 않다.

"나는 어떻게 창의적인가?" 가 중요하다.

이것은 연구의 초점을 창의성의 수준, 정도 또는 양이 아니라 창의성의 형태, 종료 또는 스타일(양식)에 둔다는 것을 의미한다.

당신은 이미 얼마인지는 모르지만 창의력을 가지고 있다.

당신은 이미 어떤 한 분야 이상에서 잘할 수 있는 창의력을 가지고 있다.

문제는 당신이 어떤 스타일로 창의력을 표현하는가이다.

창의성은 계발할 수 있다

창의성에 대한 가장 큰 오해는 창의적인 특성을 몇몇 소수만이 가지고 있고 창의성은 타고난 것이므로 고정불변이라는 오해이다.

창의적 특성은 사람들 누구나 어느 정도는 가지고 있다. 또한 창의적인 지능이나 성격은 하나뿐인 것이 아니라 매우 다양하다.

게다가 창의적인 사람들의 특성은 고정불변하는 것이 아니다. 창의성의 특성들은 역동적이며 경험과 교육을 통해서 변화할 수 있는 것이다.

창의성의 수준을 확인하고, 측정하고, 예측하는 것보다는 그것을 교육하고 계발하는 것이 더 중요하다.

창의성은 혁명적이지 않아도 된다

창의성은 획기적이고 혁명적이어야 하는 것일까?

그렇지 않다.

창의성은 획기적이지 않아도 되고, 혁명적이지 않아도 된다.

대다수의 사람들은 '창의성' 하면 거대하고, 새롭고, 혁명적이고, 획기적인 창의성을 떠올린다. 그러나 그렇게 발명적이고, 혁명적이고, 창발적인 창의성이 나타나는 것은 매우 드문 일이다.

완전한 무에서 유를 창조해내는 일은 드물다.

창의성은 수준에 따라 그 가치가 달라지는 것도 아니다. 새롭고 독특한 것에만 집착해서는 창의성에 접근할 수 없다.

창의성의 출발은 기존의 개념, 기능, 효율성 등을 점검하고 천진난만한 아이의 모습으로 즐겁게 그리고 양껏 표현하는 것이다.

창의성의 스펙트럼은 우리의 일상 생활로부터 우주와 영혼의 세계까지 아주 넓게 퍼져 있다.

창의성 수준에 따른 5가지 구분

창의성을 수직적으로 볼 때 창의성 수준은 달라진다. 테일러(Taylor, 1959)는 창의성에 대한 수준을 5가지로 구분했다.

1) 표현적(expressive) 창의성: 독립적인 개성을 가지고 표현하는 창의성으로, 생각의 독창성이나 질 또는 창의적 결과물의 기능은 중요하지 않다. 아이들의 그림과 같은 것이 대표적인 예이다.

2) 생산적(productive) 창의성: 단편적인 생각을 정리하고 최종 성과물을 마무리할 수 있는 능력이 요구되는 창의성으로 예술 또는 과학에서의 창의성이다.

3) 발명적(inventive) 창의성: 발명가나 탐험가처럼 재료, 방법 및 기법 등에서 나타나는 방법론적인 창의성이다. 벨의 전화기, 에디슨의 축음기, 전구 등이 그 예이다.

4) 혁신적(innovative) 창의성: 개념을 변환할 수 있는 창의성으로, 개념에 대한 이해를 새롭게 하거나 새롭게 개념화할 수 있는 능력이다. 루터의 종교 개혁, 윗슨의 행동주의 심리학, 키에르케고르의 실존철학 등이 그 예이다.

5) 창발적(emergentive) 창의성: 창발적 또는 발생적 창의성은 기존의 개념에서 벗어나 전혀 새로운 원리나 가정에서 출발하는 창의성으로 하나의 새로운 학파를 형성할 수 있다. 완전히 무에서 유를 창조해내는 것과 같은 창의성이다. 코페르니쿠스의 지동설, 아인슈타인의 상대성이론, 다윈의 진화론 등이 그 예이다.

창의성은 다양한 사람들의 합작품이다

벤처란 무엇인가?

좋은 아이디어를 가지고 있는데, 기업이나 주위 사람들이 쉽게 이해를 못하고 믿어주지 않아서 부득이 아이디어를 낸 본인이 직접 추진하는 모험 사업이다. 벤처는 창의성 패러다임 시대에 적합한 사업이다. 그러나 벤처 사업에 수많은 사람들이 도전하지만 성공 확률은 아주 낮다. 다시 말해 위험도가 매우 높다. 사회적 환경, 기술, 시장의 반응을 체크하고, 자원을 관리해야 하며, 앞선 아이디어를 계속 창조해 나가야 하는 부담을 가지고 있다. 그러다 보니 벤처가 성공할 가능성은 1% 밖에 되지 않는다.

그렇다면 왜 그렇게 성공률이 낮은 것일까? 여러 가지 이유가 있겠지만 인적 구성원이 창조적이지 않아서 그런 경우가 많다. '끼리끼리', '축은 축대로 모인다' 처럼 아는 사람들이 아름아름 시작하는 벤처는 성공하기 어렵다.

주변에서 춤도 잘 추고 노래도 잘하는데 공연에 실패하는 사람들의 모습은 벤처 사업이 실패하는 모습과 비슷하다. 공연은 배우는 물론, 무대, 조명, 광고, 기획, 마케팅, 연출, 관객 모두가 잘 어울려야 창의적인 작품을 만들어낼 수 있는 것이다.

진정한 창조자는 1%에 불과하다

고흐 같은 미술가, 갈릴레오와 코페르니쿠스 같은 과학자, 비고츠키와 로르샤흐 같은 심리학자는 그 시대에는 비정상적으로 비춰졌던 사람들이다. 그러나 지금은 많은 사람들이 그들의 창의적 업적을 인정하고 존경한다.

진정한 창조자들은 대개 그 사람이 살고 있는 시대가 받아들일 때는 진짜 창의적인 사람으로 인정받지 못하다가 후대에 와서 인정받는 광적인 천재일 수 있다. 이런 사람들의 비율은 전체 인구의 1% 이내로 추정된다.

그에 비해 창의성과 거리가 먼 사람들은 전체 인구의 75% 정도나 된다. 이들은 창의적 경험이나 수행과는 거리가 먼 사람들이다.

리어리(Leary, 1964)는 '창의적 경험'과 '창의적 수행'의 두 가지 차원에서 창의적인 사람들의 유형을 구분했다.

'창의적 경험'은 이전에 없었던 신선한 것일 수도 있고, 반대로 낡은 개념의 틀 속에서 새롭게 재구성된 것일 수도 있다. '창의적 수행' 역시 새로운 수행을 창의적으로 수행할 수도 있지만, 단지 과거의 수행을 반복적으로 재생산하는 것인지도 모른다.

⬆️ℹ️⬇️ ✏️ **나는 어디에 속하는가?(리어리(Leary, 1964))**

1. 재생산적 폐쇄자(창의적 경험 無, 창의적 수행 無)

이런 사람들은 상상력이 부족하고 무능하게 보일 수 있다. 하지만 다른 측면에서는 주어진 일을 반복적으로 수행하는 능력이 있고 자신의 맡은 바 일에 책임을 다하는 신뢰감 가는 노동자이다. 한 마디로 맡은 바 일은 잘 하지만, 창의적인 측면이 부족한 사람이다. 리어리는 전체 인구의 약 75%가 여기에 속한다고 주장한다.

2. 재생산적인 창의자(창의적 경험 無, 창의적 수행 有)

창의적 경험 없이 도전적으로 실천하는 사람들로 기존의 아이디어를 새롭게 표현하는 사람들이 여기에 속한다. 대담한 시도로 성공할 수 있지만, 실패할 경우 그의 가치는 하나의 광적인 호기심으로 치부된다. 자칫하면 모레노가 말했던 '자발적인 바보'가 될 수도 있다. 인구의 약 12%가 속하는 것으로 추정되며 우리가 흔히 사회 경제적으로 성취한 사람들이 대개 여기에 속한다.

3. 창의적 폐쇄자(창의적 경험 有, 창의적 수행 無)

나름대로 가능성을 가진 사람으로 사회 경제적으로 성취할 가능성이 있지만, 새로운 경험과 아이디어를 전통적인 방식으로 표현하려 하기 때문에 아이디어는 많지만 실천하지 못하는 바보 씽크 탱크가 될 수도 있다. 자기 중심적인 어리석은 사람이나 잘못된 리더, 사이비 교주가 될 수도 있다. 전체 인구의 약 12%로 추정된다.

4. 창의적 창의자(창의적 경험 有, 창의적 수행 有)

그 사람이 살고 있는 시대가 받아들일 때는 진짜 창의적인 사람으로 인정되지 못하지만 후대에서나 인정받는 광적인 천재일 수 있다. 고흐 같은 미술가, 코페르니쿠스 같은 과학자, 비고츠키, 로르샤흐 같은 심리학자 등이 여기에 속한다. 전체 인구의 1% 이내로 추정된다.

창의적 경험 〉 창의적 수행	재생산적	창의적
재생산적	재생산적 폐쇄자	재생산적 창의자
창의적	창의적 폐쇄자	창의적 창의자

지능은 창의성의 필요조건일 뿐이다

IQ가 높으면 창의적일까?

반대로 창의적이면 IQ가 높을까?

일반지능이론과 특수지능이론을 주장한 터먼(Terman, 1925)의 『천재의 연구』에서 보면 지능과 창의성의 관계는 비례적이거나 직선적이지 않다.

터먼은 IQ 140 이상인 1,500명의 아동을 추적 연구했는데, 그들 대부분의 인생은 사회 경제적으로 어느 정도 성공적이었다. 하지만 그들 중에 창의적인 천재인 genius로 성장한 사람은 아무도 없었다. 지능은 위대한 창의에 필요한 필요조건이기는 하지만, 충분조건은 아니었다.

지능은 평균 100 이상을 넘으면 창의성이 출현할 수 있는 역치 수준을 넘어서고, IQ 100 이상이면 지능은 더 이상 창의성에 직접적인 영향을 미치지 않는다. 그 다음부터 창의성에 중요한 요소들은 인성, 집중력, 과거 경험, 지식, 사고 방식 등과 같은 심리적 특성과 사고력이다.

🅣🅘🅟 ✎ 역치이론

지능이 창의성의 필요조건일 뿐 충분조건은 아니라는 사실을 앤더슨(J. E. Anderson, 1960)은 '역치 이론'(threshold theory)으로 설명했다.

앤더슨은 지능과 같은 능력 수준은 '역치'에 따라 생각해볼 수 있으며, 또한 어떤 구체적인 과제를 성취하는 데 필요한 능력의 절대 값 또는 양이 어느 정도인지를 다루어야 한다고 주장했다.

세포의 신경 단위인 신경원(neuron)에서 안정 상태로 있던 전위가 흥분을 일으킬 만큼 축적되면 어느 한 순간 활동 전위가 폭발적으로 반응한다. 가령 40mv의 전위 이하일 때는 활동 전위가 발생하지 않지만 역치 수준인 41mv가 넘으면 50mv, 60mv를 급격하게 뛰어넘어 70mv의 활동 전위가 발생한다. 이때 40mv는 역치이다.

이런 현상에 비유해 보면 IQ가 100 이하일 때는 지능은 창의성에 아무런 영향을 주지 않지만, IQ가 100을 넘으면 IQ가 110이든, 150이든 상관없이 창의성에 영향을 미친다. 그러나 지능이 창의성과 직선적인 관계를 맺는 것은 아니다. 지능은 창의성의 발현에 필요한 요소이기는 하지만 지능이 높다고 반드시 창의성이 높은 것은 아니다.

일단 절대 값 또는 절대 양인 역치 수준을 넘으면 능력과는 별로 관계없는 다른 요인들이 작용하여 어떤 과제를 수행하게 된다. 가령 지능은 평균인 100 이상이면 역치 수준을 넘으며, 더 이상 창의성에 영향을 미치지 않는다. 그 다음부터는 인성, 집중력, 과거 경험, 지식, 사고 방식 등과 같은 다른 요인들이 창의성에 영향을 미친다.

창의성에서 가장 중요한 요소는 P이다

창의성에 가장 중요한 요소들은 무엇인가?

그것은 다름 아닌 P이다.

피(P)는 고스톱뿐만 아니라 창의성에서도 중요한 요소이다.

로데스(M. Rhodes, 1961)는 창의성 연구의 주제와 요소들을 분석해본 결과 대략 56개의 요인들이 존재하고 있음을 밝혀냈다. 그후 그 요인들을 분석해서 창의성에서 가장 중요한 요소를 4P로 정리했다.

1. Person: 사람

창의적 인성, 태도, 호기심, 민감성, 인내력, 동기부여능력, 기억력, 사고의 유연성, 창의적 행동 특성, 리더십 등과 관련된 요인들

2. Process: 과정

창의적 문제해결능력, 아이디어 발상법, 창의적 요리, 좌뇌 계발법, 우뇌 계발법 등과 관련된 요인들

3. Product: 결과

아이디어의 신기성, 다양성, 유창성, 정교성, 차별성과 관련된
요인들

4. Press: 환경

심리적 환경, 물리적 환경, 사회적 환경, 조직 풍토, 인간관계
등과 관련된 요인들

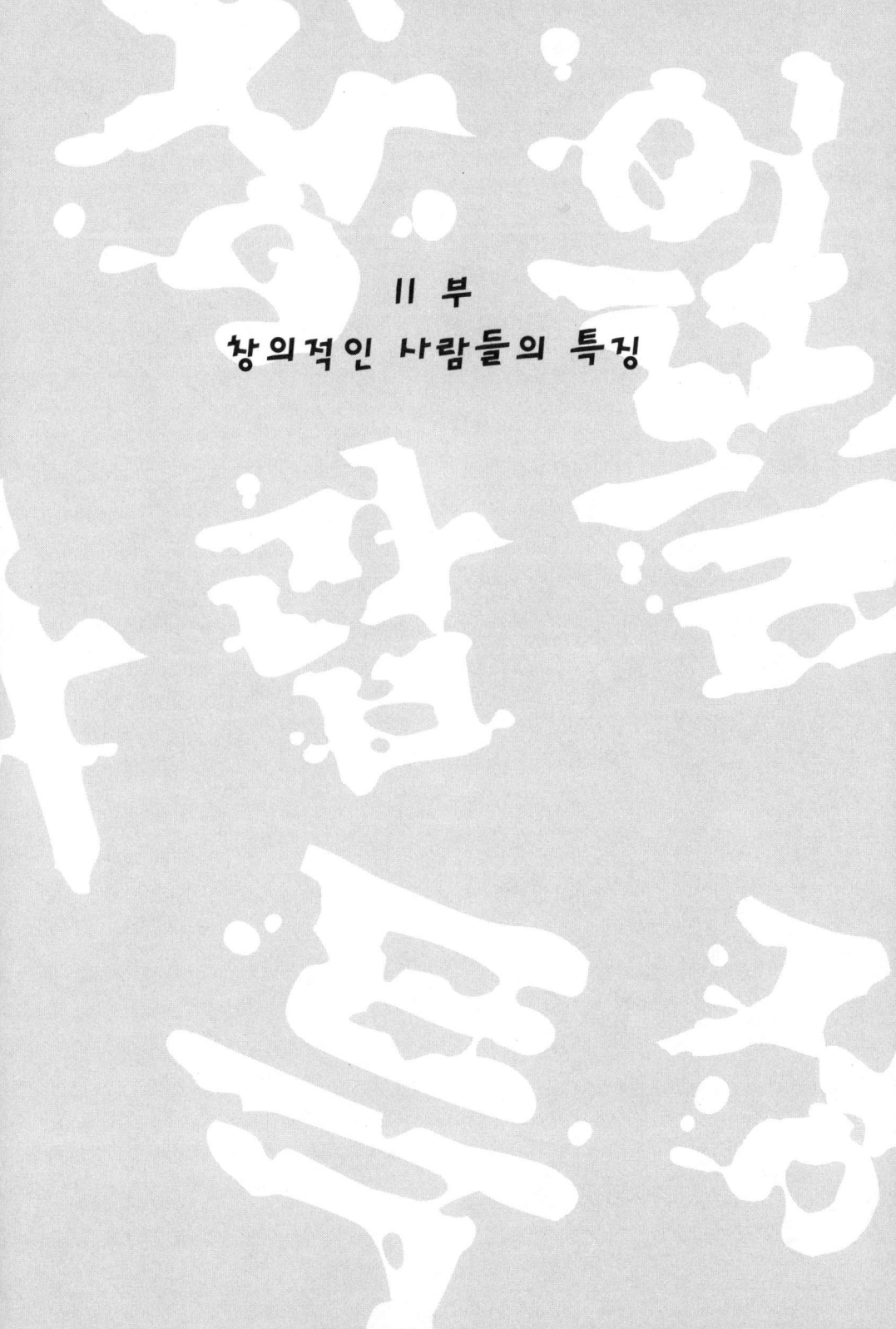

II 부
창의적인 사람들의 특징

창의적인 사람은 이탈을 두려워하지 않는다

사회 속에서 사람들은 서로 영향을 주고받으며, 사회적 자극의 영향을 받아서 행동도 변한다. 이와 같이 타인의 존재나 행동이 개인의 행동에 미치는 효과를 포괄적으로 사회적 영향(social impact)이라고 한다.

사회적 영향 가운데 유행과 같이 어떤 구체적인 압력이 없는데도 불구하고 타인의 행동을 모방하거나 동조하는 행동을 애쉬(Asch)는 실험을 통해 검증하였다.

동조(conformity)란, 복종하라는 외부의 압력이 없음에도 불구하고 의식적 또는 무의식적으로 타인의 영향을 받아 행동상의 변화를 나타내는 현상이다. 사회심리학에서 동조는 외부의 압력에 의해 변하는 복종 또는 응종(compliance)과는 구별되는 개념이다.

애쉬는 동조를 증가시키기 위해서 얼마나 많은 사람들이 바람잡이를 해야 하는지에 대해 연구하였다. 그는 실험실에서 집단의 크기를 2에서 16명까지 변화시키면서 집단의 동조량을 비교했다. 그 결과 집단의 크기가 3~4명일 때 최대의 동조를 얻어냈다. 이는 어떤 사람에게 동조를 유발시키는 데는 많은 수보다는 서너 명의 동조자가 최대로 효과적임을 보여준다.

보통 사람들은 현저하게 다르고 말도 안 되는 상황에서도 '눈 먼말 워낭소리 따라간다' 는 속담처럼 다른 사람들의 선택이나 행동을 따라하는 경향이 있다.

그러나 보통 사람들과 달리 창의적인 사람들은 자신의 주관과 소신, 판단을 믿고 그에 따라 행동하기 때문에 일탈을 두려워하지 않고, 동조하는 경향이 낮다.

동조하는 사람들의 심리와 행동 실험

사람들은 애매한 상황에서 판단할 때는 다른 사람들의 판단에 더 많은 영향을 받는다.

심리학 최초의 동조 실험을 수행한 쉐리프(Sherif)는 대학생들을 캄캄한 방으로 데리고 가서 한 개의 광점(불빛)을 보여주었다. 실험자는 피험자들에게 불빛이 움직이고 있으며 그 불빛이 얼마나 움직였는가를 추정하라고 요구했다. 이는 자동운동 현상(autokinetic phenomenon)이라는 지각적 착시를 이용한 실험이다.

자동운동 현상이란, 사람들이 어둠 속에서 불빛을 바라보고 있으면 그것이 움직이는 것처럼 보이는 착시 현상이다. 불빛이 완전히 정지되어 있더라도 다른 시각적 판단 단서가 없는 상황에서 눈동자는 계속 움직이기 때문에 불빛도 눈동자 움직임에 따라 움직이는 것같이 보이는 현상으로 사람들 누구에게나 나타나는 착시 현상이다.

또 다른 실험에서 피험자들은 자신의 입장에 대해 확신을 가질 수 없는 애매모호한 상황이었다. 어떤 사람들은 2.5cm나 5cm 정도 움직였다고 판단하는가 하면 어떤 사람들은 24m나 움직였다고 판단하였다. 그러한 상황에서 실험 협조자가 어떤 기준을 제시하면 피험자의 판단이 영향을 받는다.

가령, 피험자의 최초 판단이 40cm를 움직였다고 보고했을 때 실험 협조자가 5cm 정도 움직였다고 하면 그 다음 시행에서 피험자는 자기의 추정을 낮추는 경향이 있었고, 실험 협조자가 20m를 움직였다고 하면 그 다음 시행에서 피험자는 자기의 추정을 확대하는 경향이 있었다. 이러한 절차를 몇 번 거치자 피험자와 실험협조자의 거리는 종국에 가서 거의 일치하게 되었다.

창의적인 사람은 투기자이다

　창의적인 사람은 위험을 감수하려는 도전의식이 있고 다소 투기적인 특성을 가지고 있다.

　이탈리아의 경제학자 파레토는 경제학적으로 인간을 '금리 배당자' 와 '투기자' 로 구분했다.

　'금리 배당자' 는 늘 하던 대로 생각하고 행동하며, 변화를 추구하지 않고 상상력으로 살지 않고, '투기자' 가 시키는 대로 사는 사람들이다. 이런 사람들은 창의적인 삶과는 거리가 멀다.

　그에 비해 '투기자' 는 늘 새로운 결합에 대해 생각하고, 기존의 해결책에 만족하지 않고 새로운 해결책을 찾으려고 노력하며, 상상력을 동원해서 문제를 해결하려고 한다. 이런 사람들의 삶은 창의적이다.

　창의성에서 말하는 투기자는 주식이나 부동산, 도박의 투기자와는 다른 발전적이고 창의적인 분야에서의 투기자를 말하는 것이다.

창조자는 창의성 마인드에 따라 다르다

 창의성 수준은 지능지수처럼 객관적인 수치로 제시되기 힘들지만, 창의성 수준에 따라 아이들은 파괴자, 순응자, 창조자로 구분할 수 있고, 좀 더 세분하면 다섯 가지 수준으로 나눌 수 있다.

 창의적인 사람과는 거리가 멀고 오히려 창의성을 해치는 인재(人災), 존재하기는 하지만 창의적이거나 도전적인 것보다는 무사안일한 답을 찾으려는 경향이 있는 인재(人在), 이따금 창의적일 수는 있지만 창의성보다는 그것으로 인한 부수적인 가치에 관심이 많은 인재(人財), 창의적이고 모험적인 사고방식을 가지고 노력하는 인재(人材), 창의적이며 한 분야의 재능을 잘 살리고 삶 자체가 창의적인 인재(人才)이다.

창의성(수준)	창조자	인재(人才)	III 튀는 자 외향성	I 영웅호걸 내향성
		인재(人材)		
	순응자	인재(人財)	IV 부적응자 외향성	II 모범생 내성적/주관적
	파괴자	인재(人在)		
		인재(人災)		
			백치(白痴) 둔재(鈍才) 평재(平才) 수재(秀才) 천재(天才)	
			IQ(수준)	

〈창의성과 IQ의 상호작용에 따른 인물 유형〉

창조자는 아이디어가 존재한다는 것을 안다

『어떻게 아이디어를 얻을 수 있을까?』(1999)의 저자 잭 포스터 (Jack Foster)는 아이디어를 내는 사람과 그렇지 못한 사람들 사이 에는 '앎' 과 '모름' 의 차이가 있다고 주장했다.

그는 아이디어를 많이 내는 사람들이 태어날 때부터 특별한 재능을 가지고 있는 것은 아니라고 생각했다. 그보다는 아이디 어를 갖고 나타나는 사람들은 원래 아이디어는 어딘가에 존재하 며, 자신들이 그 아이디어를 찾아내리라는 것도 알고 있다.

그에 비해 아이디어를 갖고 나타나지 못하는 사람들은 아이디 어가 원래 존재한다는 사실을 모르고 있으며, 반드시 그것을 찾 아낼 수 있다는 사실도 모르고 있었다.

아이디어가 어딘가에 있다는 사실을 아는 것과 모르는 것의 차이는 사람들의 창의적 마인드와 행동에 직접적인 영향을 미친 다. 스스로 알고 있다고 생각하는 사람들, 어딘가에 아이디어가 있다고 생각하는 사람들은 자신의 삶과 노력을 긍정적으로 이끌 어 마침내 자신의 예언을 충족시킨다. 이런 현상을 자기충족적 예언(self fulfilling prophecy)이라고 한다.

창조자는 좀 더 다르게 하려고 한다

커튼(Kirton, 1987)은 조직의 CEO들을 대상으로 조직에서 어떤 식으로 변화가 일어나는지를 연구해서 순응-혁신이론(Adaption-Innovation Theory)이란 것을 만들었다. 그 이론에 따르면 CEO들은 변화를 다룰 때 근본적으로 상이한 두 가지 접근법을 이용한다.

하나는 순응자 접근법이고, 다른 하나는 혁신자 접근법이다.

순응자(Adaptor) 접근법에서 순응자란, 기존의 조직 체제를 개선시키는 데 초점을 두는 변화를 추구한다. 이런 변화는 일반적으로 기존의 패러다임 내에서 이루어지므로 별 다른 마찰이나 혼돈을 일으키지 않는다. 정확하고 믿을 수 있는 일의 '방법'에 관심을 가지며, 어떻게 하면 "일을 더 잘할 수 있는지에" 많은 관심을 갖는다. 순응자처럼 움직이는 CEO들은 점진적 개선에 초점을 둔다.

혁신자(Innovator) 접근법에서 혁신자란, 곧 창조자를 의미하는 것으로 이런 유형의 CEO들은 기존의 패러다임을 재정의해서 전혀 새로운 변화를 시도하고, 다소 급진적인 조직변화를 시도한다. 그러나 혁신자는 독특하면서도 좀 더 멀리까지 내다보는 비전을 가지고 있으며, '일을 좀 더 다르게 할 수 있는지'에 초점을 두고 문제를 새롭게 보려고 노력한다.

순응자와 혁신자 중에서 혁신자가 창의성 패러다임에 적합한 것은 분명하다. 그러나 둘 중 누가 더 훌륭한 CEO가 될 수 있는지는 단정할 수 없다. 그러나 휘들러(Fiedler)의 상황부합모형 리더십 모델에 의하면 진정으로 창의적인 CEO는 자신이 속해 있는 조직의 특성, 상황, 구성원들의 능력에 따라 자신의 리더십을 유연하게 바꿀 수 있어야 한다. 그런 CEO가 진정으로 창의적인 리더이다.

🔲🔲🔲 ✒ 순응자와 혁신자의 차이

순응자와 혁신자는 무엇이 다를까?

커튼의 '순응-혁신' 선호 척도로 보면 순응자와 혁신자는 세 가지 측면에서 다르다.

첫째, 독창성이 다르다. 순응자는 독창적인 아이디어를 충분한 양만큼 생성하기를 원하며, 혁신자는 가능한 한 더 많은 아이디어를 생성해내기를 원한다.

둘째, 효율성에서 다르다. 순응자는 철저하고, 정확하고, 자세한 부분까지 주의를 기울이며 매우 효율적이다. 반면에 혁신자는 과제를 보다 넓게, 그리고 보다 자발적으로 다루려고 하고, 세부 내용에 대해서는 관심이 덜하며, 효율성에 민감하지 않고 개방적이다.

셋째, 규칙 동조성에서 다르다. 순응자는 기존의 규칙과 절차에 동조하는 것을 강조한다. 그러나 혁신자는 기존의 규칙이나 집단 압력에 구속받지 않으며, 독특한 접근의 중요성을 강조한다.

창의적인 사람은 민감하다

창의성에서는 그 무엇보다도 창의적 사고의 주체가 되는 사람들의 특성이 중요하다. 개인의 인성, 지능, 태도, 가치관, 행동 특성 등은 창의성의 주인공인 인간의 심리와 행동 특성을 결정하기 때문이다.

그렇다면 창의적인 사람들은 어떤 특성을 가지고 있을까?

창의적인 사람의 특징은 탐구적이고 개방적이며 민감하다.

첫째, 탐구성(inquiry)은 스스로 문제를 확인하며, 필요한 자료, 도구 및 해결의 방법을 탐색하여 포기하지 않고 흥미를 가지고 끝까지 추구하는 적극적인 태도를 의미한다.

둘째, 개방성(openness)은 어떤 고정된 해결의 방법이나 방식 또는 지시 및 권위에 의존하거나 매달리지 않고, 스스로의 판단과 필요에 따라 다양하고 열린 마음으로 접근하는 문제 해결의 태도를 의미한다.

셋째, 민감성(sensitivity)은 창의성과 관련된 문제들에 대해, 예민하고 지속적인 관심과 해결 의식을 가지고 문제를 해결하려는 창의적 반응성을 의미한다.

창의적인 사람들은 순응성이 떨어지기 때문에 겉으로 보기에는 사교성이 떨어지는 것 같다. 그러나 다른 사람들로부터 칭찬, 주목, 지지를 받고 싶은 욕구가 높은 것을 보면 사람들 속에서 존재하고자 하는 욕구도 높다. 그리고 정서적으로 풍부하고 남의 요구에 민감하고, 정직하며, 지적이고 용기도 있다.

🛈🛈🛈 ✒ 창의적인 사람들에 관한 학자들의 견해

1) 지적 호기심이 크다(Barron, 1969).

2) 인내심이 많다(Gardner, 1993).

3) 호기심 내지 궁금증이 많다(Hennessey & Amabile, 1988).

4) 새로운 경험이나 정보에 높은 수용성을 보이고 개방적이다(Barron, 1969).

5) 자기가 하는 일에 심취하고 열중하는 경향이 있다(Barron, 1969).

6) 자기가 하는 일에 뚜렷한 목적 의식과 참여 의식이 있다(Gardner, 1993).

7) 외부에서 오는 억압이나 구속을 배척한다(Johnson–Laird, 1988).

8) 때로는 퇴행적이며 반추적인 사고, 홀로 생각에 사로잡혀 있을 때가 많다(Simonton, 1984).

9) 주위 사람들에게 어떤 영향을 준다고 말할 수 있다(Feldman, 1980).

10) 광범위한 흥미를 가지고 있다(Simonton, 1984).

11) 창의성에 높은 관심을 가지고 있다(Perkins, 1981).

12) 행동이나 태도에서 다른 사람과 달리 비관습적이다(Barron, 1969).

13) 직감력이 풍부하다(Barron, 1969).

14) 기회 포착을 잘한다(Taylor, 1988).

15) 자기 비판과 자신감 사이에 곧잘 갈등을 겪는다(Feldman, 1980).

창의적인 사람은 유치하다

토마스 에디슨은 이렇게 유치함을 강조했다.

"세상에서 가장 위대한 발명은 바로 어린아이의 마음이다."

창의적인 업적을 남긴 사람들은 유아기 특성을 많이 가지고 있어서 자기 중심적이거나 이기적이고 참을성이 부족하며 완고하다는 것이다.

그래서 현재의 인습을 무시한다든지, 묻지 않는 질문에 답을 하는 등 어린아이 같은 성격을 보여줄 때가 많다는 것이다. 한마디로 그 사람들은 지적, 사회적, 정서적 잔재를 보존하려 든다는 것이다.

프로이트와 로저스 같은 심리학자도 어린이와 같은 세계로 퇴행하여 상상 속에서 살고 짓궂은 장난기가 있는 듯한 마음 상태가 곧 창의적인 사람들의 특징이라고 주장했다.

사랑도 유치찬란할 때 행복이 샘솟는 것처럼, 창의성도 어린아이처럼 유치한 마인드와 행동에서 발현된다는 것이다.

창의적인 사람은 피터팬을 닮는다

피터팬은 동화 속에서 이렇게 말한다.

"산다는 건 엄청난 모험이다."

그렇다. 산다는 건 엄청난 모험이다.

그러나 그런 모험을 하지 않는다면 창의적인 삶을 살 수 없다.

많은 음악가, 미술가, 심지어 학자들까지도 어린아이의 마음을 잃지 않으려고 한다. 어린아이의 마음을 잃는 것은 순수와 자유, 그리고 창조성을 잃는 것이기 때문이다. 나이에 맞는 역할을 거부하고, 새로운 상황에 직면하길 두려워하며, 현재의 상태에 안주하려는 심리를 피터팬 증후군(Peter Pan syndrome)이라고 한다.

피터팬 신드롬을 가지고 있는 사람들은 겉으로 보기에는 사회생활에 부적응하는 것처럼 보이지만 그만큼 순수하고 자유롭다. 꾸밈과 가식 없이 타고난 성질 그대로를 말과 행동으로 표현하고자 한다.

그러나 무조건 피터팬 신드롬이 창의적인 삶과 연결되는 것은 아니다. 피터팬 신드롬을 가진 사람들 중에서도 자기 분야에 전문성을 가진 사람들이 창조자가 되는 것이다.

❶❶❶ ✏ 피터팬 신드롬

『피터팬 신드롬』의 저자 댄 킬리에 따르면 예술가 같은 심리와 행동 특성을 가진 피터팬 신드롬은 몇 가지 특징을 가지고 있다.

첫째, 피터팬 신드롬을 가진 사람들은 무책임해서 책임지길 싫어한다. 자기가 앞장서서 무엇을 하려고 하지 않고, 다른 사람을 잘 돌보지도 않는다. 그래서 언뜻 보면 유치하고 이기적이다.

둘째, 지금 현재의 삶에 만족하기 때문에 새로운 변화를 싫어한다. 그래서 졸업도 싫고, 진학이나 취직하는 것도 싫고, 새로운 집으로 이사가는 것도 싫어한다. 그뿐 아니라 자기 방의 구조가 바뀌는 것도 무척 싫어한다.

셋째, 호기심이 많다. 그래서 어떤 재미있는 장면을 보면 약속시간이나 약속 시간도 잊은 채 불구경이나 싸움 구경을 하고, 자신이 직접 경험하려고 가출, 약물 복용, 기괴한 행동을 한다.

넷째, 매우 보수적이다. 피터팬 증후군을 가진 사람들은 굉장히 진보적인 생각을 가지고 있을 것 같지만, 여자와 접시는 내돌리면 깨지게 마련이기 때문에 여자는 집안 일만 해야 한다고 생각할 만큼 보수적이다. 그리고 말끝마다 '여자가 어떻고' '남자가 어떻고'와 같은 성 고정관념적인 표현을 자주 사용한다.

다섯째, 불안하다. 미래가 어떻게 펼쳐질지 불안하고 어떤 사람들을 만나야 할지도 잘 모른다. 그러다 보니 소외감을 느끼고 고독하다.

여섯째, 성역할 갈등을 가지고 있다. 자기에 맞는 성역할 정체감을 제대로 획득하지 못해 자기에게 맞는 성역할이 무엇인지 잘 모른다. 그래서 이따금 성역할 정체감 혼란을 겪기도 한다.

창의적인 사람에게는 아픔이 있다

창의적인 사람들은 정말 괴팍한 것일까?

아인슈타인의 폭탄 맞은 머리, 고흐의 병적인 정서 장애, 프로이트의 모성적 행동과 독설, 이외수의 독특한 헤어스타일과 생활 습관 등등.

모든 창의적인 사람들이 그런 것은 아니지만 많은 창의적인 사람들이 독특한 행동과 눈에 띄는 헤어스타일을 하고, 독특한 생활 습관에 빠져 산다.

그런데 다른 창의적인 사람들과는 달리 자연과학을 하는 사람들은 좀 다를 것 같다. 왠지 합리적이고 보편적인 가치관을 가지고 논리적인 삶을 살 것만 같은데…

그러나 자연과학을 하는 사람들 중에도 이따금 비이성적이고 비합리적인 행동을 보인 사람들이 있다. 창의적 업적을 남긴 위대한 과학자들 가운데는 우울증이나 소심함, 그리고 괴팍함, 반사회적 행동, 유치한 행동과 같은 특성을 가진 사람들이 많았다. 특히 뉴턴은 그런 특성이 강했다.

뉴턴 연구자들은 뉴턴이 일생 동안 논문을 발표할 때마다 심리적 불안감을 보이고, 자신을 비판하는 사람들에 대해 지극히 비이성적이고 격렬한 반응을 보인 이유를 뉴턴이 어린 시절에 겪었던 모성 결핍증 때문이라고 주장한다. 뉴턴의 과학적 천재성과 창의성 이면에는 그의 성장 과정에서 형성된 성격적 특이성과 콤플렉스가 있었던 것이다.

모든 창조자들이 그렇다고 할 수는 없지만 창의적인 사람들은 어린 시절, 또는 성장기에 좌절, 심리적 외상(trauma)을 겪은 경우가 많다.

창의적인 사람들은 아픈 만큼 성숙해지는 것인지도 모른다.

🟡🟡🅟 ✒ 뉴턴과 프로이트의 독설

만유인력의 법칙을 주장한 뉴턴은 어린 시절 유복자로 태어나 모성 결핍증을 겪었다고 한다. 2살 때 어머니가 재가를 해서 그의 곁을 떠났고, 주로 할머니 손에 의해 길러졌다. 그는 의붓아버지가 죽고 어머니가 그의 곁으로 돌아올 때까지 9년 동안 어머니와 떨어져 지냈다. 어린 시절 그런 경험이 뉴턴의 성격 형성에 큰 영향을 미쳤던 것이다.

1672년 뉴턴은 빛과 색깔에 관한 논문을 발표하면서 로버트 후크와 격렬한 논쟁을 벌였다. 그 논쟁이 있은 뒤 뉴턴은 외부와의 연락을 끊고 격리 생활을 하면서 연금술과 같은 신비주의적 학문에 탐닉하는 특이한 행동을 했다. 후크는 뉴턴이 『프린키피아』를 출간할 때 자신의 역제곱 법칙에 대한 생각을 부분적으로 표절했다고 주장했다.

후크의 주장에 격노한 뉴턴은 자신의 원고에서 후크에 대한 모든 인용을 삭제해버렸다. 또한 뉴턴은 후크가 죽기 전까지는 후크와 논쟁했던 빛과 색깔에 대한 내용이 포함된 『광학』을 출판하지 않았다. 게다가 후크가 속해 있던 왕립학회 회장직도 받아들이지 않았다.

또한 미적분 발명의 우선권을 놓고 라이프니츠와 논쟁을 벌일 때에도 보통 사람이 보기에 좀 지나친 행동을 했다. 처음에는 주변 사람들이 부추겨 마지못해 시작한 논쟁이 점차 추종자들조차 말리지 못하는 추악한 싸움으로 변했으며, 결국 이 싸움은 두 사람이 죽으면서 끝났다.

프로이트의 제자이자 동료였던 아들러는 프로이트와 성욕에 관한 학문적 차이로 독립을 했다. 그러자 프로이트는 자신이 난쟁이를 너무 많이 키워줬다고 하면서 비난했다. 프로이트는 죽을 때까지 아들러를 비난했다.

창의적인 사람들은 한 번 아니면 죽어도 아닌 그 무엇이 있는 것일까?

창조자는 어릴 때는 평범하다

"가장 중요한 것은 사람이 무엇을 가지고 태어났느냐가 아니라, 사람이 그것을 어떻게 이용하느냐이다."

개인주의 심리학을 창시하고 콤플렉스 연구와 출생순위에 따른 성격 연구로 유명한 아들러가 남긴 말이다.

다중 지능 이론을 주장한 가드너(Gardner, 1993)는 위대한 창의자는 각각의 영역에서 혁신적인 변화가 일어날 수 있는 적절한 시간과 적절한 장소에 있었던 것 같다는 연구를 발표했다.

창의적인 사람의 초기 가족 환경은 어느 정도 다정한 모습이었다. 그러나 한없이 다정다감한 분위기는 아니었다. 상당히 엄격하고 때로는 차가운 기운마저 감돌았다. 게다가 위대한 창조자들은 어릴 때부터 뛰어난 자질을 나타내지는 않았던 것 같다.

그들은 자기 분야에 흥미를 가지고는 있었지만 그 분야에서 그렇게 뛰어난 것은 아니었다. 아마도 다양한 경험과 다양한 호기심 때문에 한 분야에 집중하지 못했기 때문인 것 같다.

그러나 성장하면서 자기 분야에 어느 정도 숙달된 다음에는 혁명적인 반란을 일으켰다. 그 무렵이 되어서야 비로소 지적 기반과 사회적 기반이 마련되었다. 일단 반란이 시작되면 그들은 자기 일에 모든 에너지를 집중하는 놀라운 집중력을 발휘했다. 그들의 이러한 노력은 시작에서부터 약 10년이 지나면 두 번째 돌파점을 찾는데, 처음보다는 통합적이고 포괄적이지만 이전의 반란보다는 덜 혁신적이었다.

창의성의 근원은 애착이다

어떤 사람은 호기심이 상당히 많고 탐구적이다. 그런데 어떤 사람은 매사에 관심도 없고 무사안일한 삶에 안주한다. 이런 차이는 왜 나타나는 것일까?

다양한 이유가 있겠지만 어린 시절의 애착 때문이라고 설명하는 학자들이 있다.

애착이 형성된 아이들은 더욱 도전적이고 호기심을 가지고 탐색 활동을 한다. 낯선 상황에서도 불안해하지 않고 적극적으로 무엇인가를 시도하려는 경향이 강하다. 이런 행동은 창의적인 탐색 활동으로 이어진다. 그러나 아이들의 발달 민감기에 애착 형성이 되지 않으면 아이들은 불안하고, 사회성을 제대로 학습하지 못하며, 유기 불안이나 격리 불안을 느끼게 된다. 게다가 안정적인 심리 상태일 때 나타나는 탐색 활동이나 호기심이 표현되지 않기 때문에 적극적으로 탐색 활동을 하기보다는 부모나 보호자의 품으로 숨으려 한다. 새로운 것을 시도하거나 탐색하는 것을 꺼린다.

애착 형성은 창의성 발달뿐만 아니라 인성의 전반적 발달에서 매우 중요하다. 특히 4세 이하의 아이들의 삶과 한 사람의 인생은 상당히 의미있는 관계를 갖는다. 심지어 정신분석학을 창시한 프로이트는 다섯 살 무렵의 경험이 인성의 중요한 특성을 결정 짓는다는 유아결정론을 주장하기도 했다.

아이들을 창의적으로 키우려면 어렸을 때 지나치게 격리 불안을 경험시키거나 무관심하게 키워서는 안 된다.

물론 어른들에게도 삶을 파괴할 정도의 과도한 스트레스와 불안은 창의성의 적이다.

🎧 ✒ 애착과 창의성의 관계

동물행동학이란 동물이 어떻게 적응적인 행동을 하고, 생존에 유리한 기능을 진화시켜 왔는지를 연구하는 학문 분야이다. 로렌츠(Lorentz)는 대표적인 동물행동학자이다.

로렌츠는 동물들은 생의 초기에 종 특유의 행동(species-specific behavior)을 나타낸다고 주장했다. 특히 오리와 같은 가금류의 동물은 새끼일 때 부화 후 특정한 시간에 처음으로 본 움직이는 대상을 어미라고 생각하고 졸졸 따라다니는 각인(imprinting) 현상을 나타내는데, 이런 행동은 생후 일정한 시기에만 일어나기 때문에 결정적 시기(critical period)라고 부른다.

볼비(Bowlby)라는 발달심리학자는 사람에게도 각인과 같은 비슷한 경향인 애착착(attachment)이라는 현상이 나타난다고 주장했는데, 애착이 형성되는 시기를 민감기(sensitive period)라고 불렀다.

아이들은 보호자를 자기 근처에 두고자 하는 몸짓과 신호들을 나타내는데 이런 행동을 애착 행동이라고 한다. 대표적인 애착 행동은 아기의 울음과 미소이다. 아기가 소리내 울면 부모는 달려와서 무엇이 잘못되었는가를 보고 돌봐준다. 그리고 아기가 미소지으면 부모는 아기에게 사랑을 느끼고

아기를 돌봐주려고 한다. 그밖에도 옹알이, 잡기, 빨기, 따라다니기 같은 애
착 행동들이 나타난다. 만약 아이를 강제로 떼어놓으면 아이들은 처음에는
격렬하게 반항하고(protest), 다음 단계에서는 절망하고(despair), 마지막으
로는 탈애착(detachment)이라는 반응이 나타난다.

　이런 현상은 창의성 발달을 저해하고 다른 인성 발달에도 영향을 미친다.
이런 사람들은 성격적으로 늘 불안을 가지고 있기 때문에 부정적 자의식
(negative self awareness)이 강하다. 어른이 되면 의처증, 의부증 같은 편집
증적인 경향이 나타날 가능성도 있으며, 술 · 도박 · 마약과 같은 자극적인
것으로 그런 불안을 잊으려 하기 때문에 창의성이 나타나더라도 병적으로
나타날 가능성이 크다.

창의적인 사람은 인정을 받고 자란다

슈퍼 소 '영롱이'를 탄생시킨 황우석은 어렸을 때 홀어머니가 소를 대신 키워주는 한우 소작을 했다. 그 모습을 보면서 그는 이렇게 다짐했다고 한다.

"고생하시는 어머니께 자식된 도리를 해보자. 우리 나라에서 가장 좋다는 서울대학교 교수가 돼서 소를 연구해보자."

"요즘 뉴욕과 서울에서 열리고 있는 전시회에 대한 느낌은, 마치 초등학교 시절 1등 성적표를 갖고 집에 가면 어머니가 칭찬과 함께 눈깔사탕을 주시곤 했는데 딱 그 기분이다(백남준, 테크노 아티스트)."

"'넌 뭐든지 할 수 있다'고 격려하면서 뭔가를 이루어내면 매우 좋아하시던 아버지. 어떤 조그만 일이라도 해내면 기뻐하실 아버지의 모습이 떠올라 열심히 공부했지요(이혜원, 미국 제퍼슨 의대 교수)."

창의적인 사람으로 성장하기 위해서는 부모의 역할이 무엇보다 중요하다. 아무리 아이가 선천적으로 창의적인 능력을 가지고 태어났다고 하더라도 유아기에 부모의 태도가 경직되어 있거나 부부 관계가 원만하지 못해 강압적이고 위협적인 가정 환경에서 성장한다면 창의성 발달의 싹은 수그러들 수밖에 없다.

특히 5세 이전의 발달은 아이의 생리적, 사회적, 심리적, 인지적, 성격적 측면의 발달에서 매우 중요하며, 이 시기에 어떤 환경에서 자랐느냐에 따라 그 아이가 주변 사람들을 보는 관점, 과제에 대한 집중력, 자연과 사회를 보는 태도와 인성에 차이가 난다.

창의적으로 성장한 사람들은 경제적으로 만족한 환경에서 자란 경우보다는 부족한 환경에서 자란 경우가 많고, 부모로부터 인정과 칭찬을 듣는 환경에서 자란 경우가 많다.

창의적인 인물들의 성장기

창의적인 인물들의 발달사를 연구한 매키넌(MacKinnon, 1987)은 창의적인 인물들의 가정 환경의 특징을 지능, 성격, 창의성 검사를 통해 다음과 같이 정리했다.

첫째, 유아기에 흥미가 다양하고 주변 세계에 대해 민감하며, 불행 · 고독 · 질병 등에 시달리고, 공상 · 상상 · 사고 등 내면적인 체험을 하는 경우가 많고, 무언가 부족함을 느끼는 경우가 많다. 둘째, 무언가 특별한 재능이 있고, 그것을 표현함으로써 주변 사람에게 인정을 받고 만족감을 느끼는 경우가 많다. 셋째, 부모 가운데 어느 쪽에 특별한 재능이 있고, 그것에 영향을 받는 경우가 많다. 넷째, 무언가 혼자서 독립적으로 탐구 · 실험하는 것을 즐기며 거기서 성취 · 만족감을 느낀다. 다섯째, 부모나 주변 사람들이 수용적이거나 무관심해서, 자유와 개방적인 분위기를 즐기며 자라는 경우가 많다. 여섯째, 부모나 주변의 가까운 인물들로부터 긍정적이고 진취적인 태도를 본받고, 적극적인 행동 패턴을 학습한다. 일곱째, 어려서 자주 이사를 하는 경우가 많은데, 그 결과 낯선 환경이나 다양한 삶의 양식에 대해 역동적 · 개방적 · 수용적인 태도를 학습한다.

창의적인 사람은 반항아 기질이 있다

창의적인 사람들은 제임스딘과 같은 반항적이고 저항적인 특징을 가지고 있다.

행동주의 심리학의 거장인 미국의 심리학자 스키너는 반항적인 어린이 자아가 강했다. 스키너는 어렸을 때부터 반항하기를 즐겼고 대학에 들어간 이후에도 교수와 행정 담당자들을 골탕먹여 화를 돋우는 데 천재성을 발휘했다.

스키너는 자신이 해밀턴 대학 생활과 잘 어울리지 않는다는 사실을 느꼈다. 자신이 소속된 단체를 긍정적으로 생각하지 않았고 체육과목을 거의 이수하지 않았다. 게다가 그는 매일 참석해야 하는 채플을 몹시 싫어했다. 4학년이 될 때까지 그는 공인된 반항아로 몇몇 학생들과 함께 짓궂은 장난을 꾸몄다. 그 무렵 스키너는 그가 싫어했던 드라마 담당교수의 주최로 찰리 채플린의 강의가 열린다는 것을 알리는 포스터를 만들었다.

"그것은 허무주의 제스처로 속임수 장난의 시작에 불과할 뿐이었다. 학생 출판물을 통해 우리는 교수와 여러 지방의 유력 인사들을 공격하기 시작했다. 나는 교수들이 대중 앞에서 발표한 것이 수업이 끝날 때 학생들이 발표한 것을 요약한 것이라는 풍자적인 시를 기고했다. 나는 파이 베타 카파를 공격하는 논설을 썼다. 졸업식에서 나는 교수들에 대한 신랄한 풍자만화를 그려 벽에 붙였다. 그리고 스키너와 세 명의 동료들은 졸업식장을 아수라장으로 만들었다. 휴식 시간에 학장은 모든 것을 정돈해 놓지 않으면 학위를 받을 수 없을 것이라며 매우 화를 냈다."

후에 학장이 된 스키너의 학교 친구는 이렇게 말했다.

"놀라웠지! 믿을 수가 없을 만큼 쇼킹했어!"

창의적인 사람들은 질풍노도(stress & storm)와 같은 청년기를 보내며 기성 세대와 권위에 반항하는 과정을 거친다. 그런 모습들은 사회생활을 하며 기존 질서에 순응하는 것처럼 보인다. 그러나 그들의 내면에는 언제나 반항이라는 물결이 요동치고 있다.

창의성은 어린이 자아에서 나온다

창의성은 유치한 것으로부터, 어린아이의 눈으로부터 나온다.

그러면 어른들에게도 어린 아이와 같은 마인드가 존재하는 것일까?

물론이다. 사람들의 자아(Ego)는 크게 어버이 자아(parent ego), 성인 자아(adult ego), 어린이 자아(child ego)로 구성되어 있다. 그 중에서 어린이 자아는 창의적인 마인드와 밀접한 관련이 있다.

에고그램(Ego-gram)에서는 자신에게 약한 자아를 키우는 것이 중요하다. 특히 창의성을 키우려면 어린이 자아를 키워야 한다. 창의성과 관련 있는 어린이 자아를 키워 어린이의 눈으로 세상을 보고 느끼고 어린이의 마음으로 생각하도록 해야 창의성을 키울 수 있다.

천진난만하고 자유로운 상상을 즐기고, 낙관적으로 행동하라.

세상은 즐겁다. 나의 삶도 즐겁다. 그렇게 매사를 긍정적으로 보고 낙관적으로 행동하도록 노력하라. 나도 좋고, 너도 좋고, 모든 것이 다 좋다고 생각하며 행동해라. 실패, 좌절, 실연은 단지 예외일 뿐이라고 생각한다면 우리 삶도 창의적인 삶에 근접해갈 것이다.

에고그램을 통해 분석한 자아 발달

자아의 모습을 분석하는 에고그램(Ego-gram)이란 자아인 'Ego'를 수량화하여(gram) 개인의 심리적 자아를 그래프로 나타내는 것이다.

사람들의 자아는 크게 어버이 자아(P), 성인 자아(A), 어린이 자아(C)로 이루어져 있다. 어버이 자아는 양육적인 어버이 자아(NP)와 비판적인 어버이 자아(CP)로, 어린이 자아는 자유로운 어린이 자아(FC), 순응적인 어린이 자아(AC), 반항적인 어린이 자아(RC)로 구분되어 모두 6종류의 자아가 있다.

먼저 어린이 자아는 태어나면서부터 3세 정도까지 형성된다. 아이들은 본능적으로 쾌를 추구하고, 천진난만하고 응석부리길 좋아하는데, 그런 과정에서 자유로운 어린이 자아(FC)가 싹튼다. 그리고 자라는 과정에서 부모에게 의존하면서 순응적인 어린이 자아(AC)가 형성되고, 이따금 부모가 자기 볼일 때문에 아이에게 관심을 두지 않거나 혼자 떨어뜨려 놓을 경우 반항적인 어린이 자아(RC)가 형성된다.

그리고 어버이 자아는 4~6세 정도에 형성된다. 그때가 되면 아이들의 뇌는 성인 뇌의 80% 정도까지 발달한다. 이 시기의 아이들은 부모를 흉내 내고 동일시한다. 이 시기의 아이들은 부모의 행동, 태도, 가치관을 닮는 과정을 통해 어버이 자아(P)를 형성한다. 특히 '이것을 해라' '저것은 하지 마라'와 같은 부모의 특성을 닮을 경우 비판적인 어버이 자아(CP)가 형성되고, 아이들에게 애정을 표현하고 감싸주는 부모의 특성을 닮을 경우에는 양육적인 어버이 자아(NP)가 형성된다.

마지막으로 성인 자아는 7~12세 정도에 형성된다. 이 시기가 되면 아이들의 뇌는 성인 뇌의 98% 정도까지 발달한다. 이 시기의 아이들은 지금까지 접촉했던 사람들과는 다른 사고방식을 가진 친구들과 선생님을 만나 교류하면서 점차 성인 자아(A)를 형성한다.

창의적인 사람은 타인의 관점으로 세상을 본다

초보운전 딱지 중에 눈에 띄는 것이 있다.

"답답하쥬?"

"지는 미치겠슈."

관찰자와 행위자의 입장을 바꿔놓고 생각해보자는 재치 있는 문구이다.

이렇게 다른 사람의 입장에서 세상을 바라보고 이해하는 방식을 에드워드 드 보노는 '타인의 시각'(OPV, Other People's View)으로 표현했다.

다른 사람이 어떻게 생각하는가 하는 것은 사고의 요인, 사고의 결과, 사고의 목적이기도 하지만, 사고 장면의 일부분이기도 하다.

다른 사람들은 나와는 다른 견해를 가지고 있을 수 있다. 또한, 다른 사람은 우리와 동일한 곳에 있을지라도 우리와는 전혀 다른 시각에서 사물을 본다. 다른 사람들이 어떻게 생각하고 있는지를 알 수 있다는 것은 그만큼 폭넓은 사고를 할 수 있다는 것이다.

인지발달심리학자인 피아제의 연구에 따르면 7세 이전의 아이들은 자기 중심적인 사고방식을 취한다. 아이들에게 동서남북에 따라 다르게 보이는 산을 책상 위에 올려놓고 그려보라고 하면 7세 이전의 아이들, 피아제의 인지발달 단계에서 구체적 조작기 이전의 아이들은 자기 눈에 보이는 입장에서만 그림을 그린다. 상대방의 입장에서 그림을 그리라고 해도 그 입장에서 그림을 그리지 못한다. 아직 타인의 관점에서 세상을 보는 능력이 발달하지 않았기 때문이다.

창의적인 사람은 자신의 입장과 관점만을 고집하지 않는다. 나와 다른 사람을 바꿔놓고 생각할 줄 알고, 고객의 입장에서 생각하고, 최종 사용자의 입장에서 아이디어를 만든다.

창조자는 타인의 성격을 바꾸려 하지 않는다

샤르돈느는 행복한 사람들의 특징을 이렇게 말했다.

"행복한 사람들은 상대방의 성격을 바꾸려고 하지 않는다."

사람들의 성격은 좀처럼 변하지 않는다.

우리 속담에 '세 살 버릇 여든 간다'는 말이 있지만, 프로이트는 사람들의 성격은 5세 무렵에 형성되어 거의 평생을 좌우한다고 주장했다.

어떤 사람들은 자신이 세상을 지배한다고 믿는 성향을 가지고 있는데 이런 사람들을 내부통제자라고 한다. 그에 비해 어떤 사람들은 세상이 자신을 지배한다고 믿는 성향을 가지고 있는데 이런 사람들을 외부통제자라고 한다.

내부통제 성향이 강한 내부통제자는 자신의 삶을 주도적으로 살아가는 장점이 있지만 다른 사람의 인생까지 자신의 뜻대로 통제하고 지배하려는 단점이 있다.

그러나 창의적인 사람들은 다른 사람들의 성격을 내 스타일에 맞게 고치려고 하지 않는다. 저마다 독특한 개성이 있고, 구부러진 나무는 그 나무 나름대로 가치가 있으며, 첫째 아이와 둘째 아이의 특성이 다르고, 남자와 여자의 입장이 다를 수 있음을 이해하려고 노력한다.

창의적인 사람들은 오히려 있는 그대로 상대방의 성격을 이해하고 존중해주려고 노력한다.

토마스 쿤의 패러다임

모녀 관계인 마이어즈와 브릭스가 개발한 MBTI는 원래 전쟁에 참여한 민간인들에게 적성에 맞는 직업을 선택하도록 돕기 위해 만들어졌다. 정신분석학자인 칼 융은 심리적 에너지인 리비도(libido)가 내부로 향한 사람을 내향성, 외부로 향한 사람을 외향성으로 구분했는데, MBTI는 그 이론에 기초하고 있다.

세상에 대한 태도	외향성(Extroversion)	내향성(Introversion)
지각	감각하기(Sensing)	직관(Intuition)
판단	사고(Thinking)	감정(Feeling)
라이프 스타일	판단(Judgement)	지각(Perception)

MBTI는 사람들의 심리적 유형을 다음의 4개의 하위척도에 따라 표시하며, 세상에 대한 태도 · 지각 · 판단 · 라이프 스타일에 따라 사람을 16가지 유형으로 나누고, 나와 상대방이 어떤 유형인가에 따라 인간관계의 특징을 설명하고자 한다.

가령, 한 사람은 ESTJ형이고, 다른 사람은 ITFP형일 경우 그들은 세상에 대한 태도 · 지각과 판단 · 라이프 스타일이 다르다. 그런 사람들은 세상을 보는 눈이 다르고, 세상에 대처하는 방식이 다르기 때문에 부부나 연인 관계에서는 갈등이 나타날 수 있다. 그러나 프로젝트팀이나 아이디어 회의에서는 서로 다른 다양성 때문에 상보적인 시너지 효과를 낼 수도 있다.

창의성은 저마다 타고난 재능을 인정한다

우리나라에는 사람마다 타고난 재능이 다르다는 것을 보여주는 속담이 많다.

"넙치가 눈은 작아도 먹을 것은 잘 본다."

"숟갈 한 단도 못 세는 며느리가 살림은 잘한다."

"굼벵이도 기는 재주는 있다. "

"헌 옷 속에 마패 들었다."

사람들은 저마다 타고난 재주가 있다. 그 재주가 제대로 발휘되는 사람도 있고 발휘되지 못하는 사람도 있다.

다른 사람이 나와 다른 재능과 장점을 가지고 있고, 때로는 약점을 가지고 있다고 생각한다면 사촌이 땅을 사도 그다지 배가 아프지는 않을 것이다.

탈무드에는 이런 말이 나온다.

"아무리 위대한 학자라도 장사꾼은 될 수 없으며,

아무리 위대한 장사꾼이라도 학자가 될 수는 없다."

창의성은 사람마다 다른 재능을 타고나며, 저마다 독특한 능력이 있음을 인정한다. 창의성은 누구나 그런 잠재력을 발휘해 한 분야에서 영재가 될 수도 있다는 것을 인정한다.

🔘🔘🔘 ✎ 지능의 9가지 종류

가드너는 인간의 지적 활동을 서로 독립적인 9개의 분야로 나누어 각 분야에 대응하는 9가지의 지능을 구분했다. 자연관찰 지능과 실존 지능은 최근에 추가된 것이다

① 논리-수리 지능(logical-mathematical intelligence)

② 언어 지능(linguistic intelligence)

③ 음악 지능(musical intelligence)

④ 공간 지능(spatial intelligence)

⑤ 운동감각 지능(bodily-kinesthetic intelligence)

⑥ 대인관계 지능(interpersonal intelligence)

⑦ 개인지각 지능(intrapersonal intelligence) - 자기 조절과 자기 파악능력

⑧ 자연관찰 지능(naturalist intelligence)

⑨ 실존 지능(existentialist intelligence) - 영적 지능, 종교적 능력

위의 9가지 지능은 모든 사람에게 어느 정도 잠재되어 있다. 그러나 그것이 표현되는 정도는 사람마다 다르다. 그래서 가드너는 각 지능을 어느 정도까지는 발달시킬 수 있다고 믿었으며 특히 아동기의 환경 조성 즉 훈련을 통해 지능발달이 촉진될 수 있다고 보았다.

창의적인 사람들은 상대방을 존중한다

우리 속담에 '저는 잘난 백정으로 알고 남은 헌 정승으로 안다'는 말이 있다. 이 말은 대단치 않은 자가 다른 사람을 만만하게 보고 거만을 떨며 사람을 업신여길 때 쓰는 말이다.

세상 살다보면 이런 어리석음을 범할 때가 많다. 자신이 잘났다고 자신을 존중하는 것도 좋지만 다른 사람들도 존중하고 인정해주는 자세를 가져야 한다.

사람마다 성격도 다르고, 자라온 환경도 다르고, 생김새도 다르다. 그뿐 아니라 사람들이 가지고 있는 삶의 자세도 다르다.

사람들이 자기와 세상을 대하는 태도를 삶의 자세(life position)라고 한다. 삶의 자세는 I와 You, Ok와 not Ok의 2차원으로 4가지가 있다. 그중에서 창의적인 삶에 필요한 삶의 자세는 자기도 긍정하고 다른 사람도 긍정하는 삶의 자세다. 다시 말해 'I'm OK, You're OK' 식의 상호 존중하는 삶의 자세다.

이런 삶의 자세는 나도 옳고 너도 옳다는 식의 삶의 자세로 이성, 사상, 신앙, 자기통제를 바탕으로 이루어지는 고차원적인 삶의 자세다. 이런 삶의 자세는 나이가 듦에 따라 자연히 갖게 되는 것이 아니라 의식적으로 노력해야만 가질 수 있다.

나도 존중하고 상대방도 존중하는 이런 삶의 자세야말로 창의적인 삶을 살고자 하는 사람들이 추구해야 하는 삶의 모습이다.

삶의 자세와 교류분석(TA)

심리학자 베른은 프로이트의 정신분석 이론에 영향을 받아 사람들의 심리와 행동 특성을 밝혀내기 위해 교류분석(transactional analysis, TA)을 제안했다. 자아의 모습을 어린이 자아(C), 어버이 자아(P), 성인 자아(A)로 분석한 에고그램은 바로 베른의 이론에 근거한 것이다. 베른은 어떤 자아의 모습을 가지고 있느냐에 따라 사람들의 교류 방식이 달라진다고 보았다.

심리학자 해리스는 베른의 교류분석을 바탕으로 사람들이 자신과 타인에게 어떤 태도를 가지고 있는지를 분석함으로써 사람들의 삶의 자세를 구체적으로 분석했다. 사람들이 가질 수 있는 삶의 자세는 4단계로 구분된다.

1단계. 가장 처음에 나타나는 삶의 자세는 자기는 부정하면서 다른 사람은 긍정하는 삶의 자세 단계이다. 즉 'I'm not OK, You're OK' 식의 어린아이 같은 의존적인 삶의 자세이다.

2단계. 자기도 부정하고 다른 사람도 부정하는 삶의 자세다. 즉 'I'm not OK, You're not OK' 식의 파괴적 일탈을 꿈꾸는 상호 부정적인 삶의 자세이다.

3단계. 자기는 긍정하고 다른 사람은 부정하는 삶의 자세다. 다시 말해 'I'm OK, You're not OK' 식의 나르시시즘 같은 자기애적 삶의 자세이다.

4단계. 자기도 긍정하고 다른 사람도 긍정하는 삶의 자세이다. 즉 'I'm OK, You're OK' 식의 상호 존중하는 삶의 자세로 창의적인 삶을 살기 위해 우리가 추구하고 달성해야 할 삶의 자세이다.

창의성은 경직된 사고를 깨뜨려야 한다

사람들의 사고는 얼마나 경직되어 있을까? 그것을 알아보기 위한 간단한 테스트가 필자가 개발한 〈창의성 마인드 테스트〉이다.

사람들의 사고 경직성을 알아보기 위해 다음의 문제를 풀어보자.

2.3 l 들이 용기, 4.9 l 들이 용기, 0.3 l 들이 용기를 사용해서 2 l 의 물을 만들어보아라. 그러기 위해서는 4.9 l 에서 2.3 l 를 빼고 거기서 0.3 l 를 2회 빼면 된다. 이런 문제를 수없이 많이 반복한 후에, 7.6 l, 2.8 l 및 0.3 l 의 용기로 2.5 l 를 만들어보아라.

그러면 사람들은 2.8 l 에서 0.3 l 를 뺀다는 용이한 해결법에 착안하지 못하고 3개의 용기를 모두 사용해서 지금까지 응용했던 것보다 복잡한 해결책을 시도하다가 실패한다. 이런 현상을 루친스(Luchins, A. S.)는 아인시텔룽 효과(Einstellung effect)라고 명명했다.

이런 현상이 나타나는 이유는 유사한 문제 해결의 경험에 의해 형성된 인지 구조가 새로운 문제의 효과적인 해결을 방해하기 때문이다.

보통 사람들은 한 문제의 해결 방법을 다른 문제에도 그대로 적용하는 실수를 저지른다. 그러나 창의적인 사람들은 그런 실수를 잘 저지르지 않는다. 다양한 문제해결 과정에 아인시텔룽 효과가 나타나는데, 사고가 경직된 사람들일수록 이런 현상이 자주 일어난다.

사고의 경직성을 줄이려면 다양한 가능성을 인정하고, 하나의 해결책을 다른 분야에까지 지나치게 일반화하는 오류를 주의해야 한다. 그리고 사고의 유연성을 키우기 위해 창의적 마인드를 형성하려는 노력과 창의적 문제해결 과정을 반복적으로 학습해야 한다.

창의성은 스트로크가 필요하다

개구리는 뜨거운 물에 집어넣으면 뛰어나오려고 몸부림친다. 그러나 실내 온도 정도의 물이 든 냄비에 넣어두면 굳이 도망가려고 애쓰지 않는다. 그렇게 냄비 속에 집어넣고 냄비의 온도를 서서히 올리면, 개구리는 물이 뜨거워져도 도망치려고 시도하지 않고 가만히 있는다. 40도가 되고, 50도가 되도 눈만 가늘게 뜰 뿐 움직이질 않는다. 그러다 온도가 계속 올라가면 뜨거운 물 속에서 기력을 잃고 개구리는 냄비 속에서 푹 삶아지고 만다.

이런 현상은 개구리 체내의 위험 감지 기관이 갑작스런 변화에만 반응하고, 서서히 일어나는 온도 변화에는 대응할 수 없는 기관 구조를 갖고 있기 때문이다. 온도가 올라 죽을 지경에 처해서야 비로소 죽는 것을 안다면 이미 늦다.

우리의 삶은 혁명적으로 변하는 것도 있지만 대부분의 변화는 민감하게 보지 않으면 느끼지 못할 정도로 조금씩 서서히 변한다.

개인이나 조직이나 항상 사고의 혁신과 발상의 전환을 준비해야 한다. 그러기 위해서는 개인과 조직을 둘러싸고 있는 환경, 조직 풍토, 기업 문화, 사회 문화적 환경의 변화를 지속적으로 점검해야 한다. 이때 중요한 것은 내부 평가뿐만 아니라 외부 평가와 컨설팅을 병행해야 한다는 사실이다.

잘 나가는 개인이나 기업일수록 끊임없이 외부 컨설팅과 스트로크를 받는다. 그러나 망하는 기업일수록 외부 컨설팅이나 교육보다는 자체 평가와 교육에 만족한다. 그러다 보니 변화를 위한 자극도 없고 개인이나 조직 모두 정체될 수밖에 없다.

고인 물은 썩게 마련이다.

창의적인 사람이나 기업은 주변으로부터 끊임없는 스트로크를 받음으로써 창의적 에너지를 만들어낸다.

창의적인 사람들은 이기적이다

창의적인 사람들은 어떤 특징이 있을까?

가드너(Gardner, 1993)는 창의적인 사람들을 일컬어 '흥분도 되고 지적 자극도 되지만, 때때로 너무 피곤할 때가 많은 골치 아픈 사람들'이라고 불렀다.

창의적 업적을 이룩한 사람들을 연구한 결과 그들이 도덕적 수준에서는 그다지 모범적이지 않았고, 유아기적인 특성을 가지고 있다. 그리고 매우 자기중심적이었고 이기적이며, 자기 선전에 급급하고, 남을 깎아내리려는 경향이 있다. 게다가 남을 이용하거나 기만하고, 이용가치가 없으면 쉽게 차버리는 반사회적 성격을 가지고 있는 경우도 있었다.

가드너는 각각 전공 분야에서 비범하게 창의성을 발휘한 아인슈타인, 프로이트, 간디, 엘리엇, 스트라빈스키, 피카소, 그라함의 전기를 분석하여 그들로부터 6가지의 성격 특징을 밝혀냈다.

1) 확고한 자신감
2) 옹고집
3) 일에 몰두하는 태도

4) 왕성한 활동력 내지 정력
5) 뚜렷한 목적의식
6) 자신이나 남으로부터의 높은 기대감 등이었다.

창의적인 사람은 독서를 좋아한다

창의성 검사 도구를 개발한 토랜스(Torrance, 1981)는 창의력이 뛰어난 사람들이 독서를 좋아한다고 분석했다.

사실 창의적인 사람들의 특성을 한 가지로 정의하기는 곤란하다. 워낙 다양한 특성들을 나타낼 뿐만 아니라 창의성이란 것 자체가 종합적인 특성을 가지고 있기 때문이다.

그러나 토랜스는 창의적인 사람들이 가지고 있는 대표적인 특성을 몇 가지로 요약했다.

- 성가실 정도로 호기심이 강하다.
- 기억한 것을 쉽게 잊어버리거나 얼빠진 행동을 보인다.
- 수업 참여도가 낮다
- 상상력이 풍부하고 생각이나 아이디어가 융통성이 있다.
- 독서열이 매우 높다.
- 지각력이 뛰어나다.
- 민감한 특성을 갖고 있으며 마음속을 터놓지 않는 경향이 있다.
- '만약…이라면' 하는 생각을 잘 하고 백일몽을 꾸기도 한다.
- 때로는 완고한 성향을 나타낸다.

창조자는 동네 미인이 아니다

요즘은 도시와 시골을 불문하고 미인 선발 대회가 유행이다.

인삼 아가씨, 춘향 아가씨, 감귤 아가씨, 그리고 고추 아가씨 등등.

그렇게 뽑힌 미인들은 동네에서는 알아주는 미인들이지만 미스코리아에 비해 경쟁력은 떨어진다.

2002년 노벨 화학상 수상자가 학사 출신의 평범한 회사원이라고 해서 세계적으로 이슈가 된 적이 있다. 그러나 일본 시마즈 제작소의 다나카 고이치는 동네 미인이 아니었다.

그는 연구를 계속하기 위해 승진을 마다하고 43세가 될 때까지 자신의 일에 몰두했고, 노벨상을 타고나서도 이사 승진을 마다했다. 그는 연구 결과를 학회지에 발표했다. 만약 그가 자신의 실수로 얻은 아이디어를 혼자만 알고 있었다면 그의 삶에 노벨상은 없었을 것이다.

만약 더 넓고 다양하게 이해하면 다르게 보일 수 있었던 것을 그렇게 하지 않았다면 그것은 최선의 선택이라고 할 수 없다. 자기가 사는 동네의 최고 미녀를 더 넓은 세계에서 보면 최고의 미녀가 아닐지도 모른다. 이런 현상을 '동네 미인 효과'라고 한다.

 창의적인 사람은 우물 안 개구리처럼 주변 사람과 경쟁하지
않고 자신의 목표와 가치, 그리고 더 넓은 세상을 보려고 노력한
다. 그리고 자기를 둘러싸고 있는 정보만을 가지고 판단하려고
하지 않는다.

창의적인 사람들은 꿈이 있다

창의적인 사람들은 자신의 꿈과 목표를 향해 정진한다.

그것은 즐거움이며 기쁨이다.

노벨 물리학상을 수상한 아서 샤로우는 다음과 같이 말했다.

"일에 대한 사랑이 중요합니다. 가장 성공한 과학자는 가장 재능있는 사람이 아니라, 호기심을 이기지 못하는 사람입니다. 그들은 답을 꼭 알아야만 하기 때분입니다."

아인슈타인은 다음과 같이 내적 동기를 강조했다.

"내적 동기화라는 것은 관찰하고 탐구하는 즐거움이다."

음악가 임원식은 어렸을 때부터 음악가가 되고 싶다는 소망을 가졌고 마침내 그 꿈을 이뤘다.

강력한 내적 동기가 분출하듯 스스로 계획을 세우고 열정적으로 실천하고 평가나 외적인 보상보다는 자기 만족과 희열을 느끼며 움직인다.

창조자는 독립적이다

가수 서태지는 고등학교도 포기하고 가수의 길로 들어섰다. 바둑 기사 이창호는 대학 진학이 자신의 바둑 인생에 걸림돌이 된다면서 대학을 포기한 채 바둑에 전념해 최연소 세계 챔피언이 되었다. 컴퓨터 프로그래머 이승협은 과학기술대를 억지로 들어갔지만 자신의 일에 몰두하기 위해 학업을 중단했다. 인터넷 방송용 소프트웨어 개발업체 김의경은 학교 교육에 적응하지 못하고 고 1때부터 학교성적은 바닥을 기었다.

"하고 싶은 공부는 하지 못하고 밤늦도록 하기 싫은 공부만 해야 하는 현실에 회의가 느껴졌다. 그래서 찾은 돌파구가 유학이었다. 공부하고 싶을 때 원하는 공부를 하지 못하는 현실이 나를 다른 길을 걷게 만들었다."

미국 토머스 제퍼슨 과학고등학교는 과학 전공 학생들을 선발해 교육시키는 일종의 영재학교이다. 그 학교의 교장선생님인 존스는 입학 기준으로 입학시험과 최종 7, 8학년 성적이 반영되지만, 과학과 테크놀로지에 대한 적성과 의욕이 가장 중요한 기준이라고 말한다. "학생들이 독립적으로 생각하고 스스로 아이디어를 창출하도록 유도하는 것이 교육의 첫째 목표입니다."

창조자는 자신이 창의적이라고 믿는다

사람들은 자신의 예언을 만족시키는 쪽으로 행동하는 경향이 있다.

이런 현상을 심리학에서는 자기 충족적 예언(self-fulfilling prophecy, SFP)이라고 한다.

자기 충족적 예언이란, 미래에 관해 사람들이 가지고 있는 기내가 사람들의 행동에 영향을 미치는 경향성을 말한다.

'난 할 수 있다'는 긍정적인 예언을 즐겨하는 사람은 자신의 사고방식이 긍정적이기 때문에 뇌파가 집중력이 좋아지는 알파파로 바뀌고, 아이디어가 생각나지 않아도 아이디어는 어딘가에 있을 것이라고 생각하며 새로운 아이디어를 생각해낼 것이다. 게다가 아이디어가 실패했더라도 그것은 나를 단련하는 것으로 받아들이고 실패를 분석해서 더 좋은 아이디어를 만들어낼 것이다.

그러나 '난 할 수 없다'는 부정적 예언을 한 사람은 자신의 사고방식이 부정적이기 때문에 뇌파가 스트레스를 받을 때 나타나는 베타 파로 바뀌고, 아이디어가 생각나더라도 그것은 우연일 뿐이며 결국 자신은 실패하고 말 것이라고 생각한다. 자신의 미래에 대한 생각이 부정적이기 때문에 행동도 적극적이지 않고 창의적이지 않다. 그러다 보니 자신이 내놓는 아이디어가 다른 사람들에게 어떻게 받아들여질지 걱정이 앞서고, 자신의 아이디어의 문제점을 동료나 상사로부터 듣게 되면 자신의 부정적 예언이 맞았다고 확신할 것이다. 누구에게나 있을 수 있는 아이디어의 문제점 지적을 예민하게 받아들이게 되어 결국 창의성과는 거리가 멀어지게 된다.

창의적인 사람들은 자신이 창의적이라고 믿고 있으며, 그런 믿음을 충족시키기 위해 열정적으로 노력한다.

창의성은 믿음으로부터 나온다

성공한 사람들의 특징에는 두 가지가 있다고 한다.

하나는 좋은 태몽이다.

둘째는 부모의 기대이다.

로젠탈(Rosenthal)이라고 하는 하버드 대학의 심리학 교수는 초
등학교에서 교사들에게 거짓으로, 이 실험은 어린이 지능 향상을
예측하기 위한 테스트라고 설명해놓고 지능 검사를 실시했다.

그리고 나서 아이들 중 20%를 무작위로 뽑아 "이 아이들은 앞
으로 지적 발달이나 학업 성적이 높아질 것입니다"라고 선생님
에게 지능 검사의 결과를 알려주었다. 그리고 8개월이 지난 후에
과거에 했던 것과 유사한 지능 테스트를 실시했다. 그 결과 앞으
로 잘할 것이라고 선생님에게 기대를 심어주었던 20% 아이들의
지능이 그렇지 않은 아이들의 지적 능력보다 현저하게 향상되었
다. 이러한 현상을 피그말리온 효과라고 한다.

태몽이라고 하는 것은 부모, 특히 어머니가 기억하고 재구성하
는 것이다. 그것은 과학적이지도 않고 신빙성도 없다. 그러나 성
공한 사람들은 자신의 자식에 관한 태몽을 긍정적이고 좋은 것
으로 기억한다. 그것은 부모의 마음이다. 그런 태몽을 바탕으로

자식에게 희망을 주고 사랑을 주면서 좋은 쪽으로 성장하길 기대하니 그런 부모 밑에서 자란 아이들이 잘못될 리 없다.

창의성도 마찬가지이다.

당신 스스로 창의적이라고 믿는다면 당신은 지금보다 훨씬 더 창의적인 사람이 될 수 있을 것이다. 그리고 부하 직원을 보면서 저 사람도 창의적인 사람이라고 믿어준다면 분명히 그 사람은 창의적인 아이디어를 가져올 것이다.

피그말리온 신화

그리스 신화에 나오는 피그말리온은 아프로디테 여신상을 사랑한 키프로스의 왕이었으나 이후 이야기에서는 조각가로 등장한다. 피그말리온은 여자들의 결점을 너무 많이 보았기 때문에 여성을 혐오하게 되어 한평생을 혼자 지내기로 결심했다. 그래서 스스로 아름다운 여인을 상아로 조각했는데, 겉모양이 마치 살아 있는 처녀의 모습인 양 자연스러웠다.

그는 그 조각을 어루만지고 보듬으면서 사랑했다. 조각으로 된 여인에게 갖가지 꽃과 구슬, 새들을 선물하기도 했다. 조각에다 옷을 입히고, 손가락에는 보석을 끼우고, 목에는 목걸이를 걸어주었다. 그녀를 튀로스 지방에서 난 염료로 물들인 천을 깐 소파 위에 누이고, 자신의 아내라고 부르며, 상아로 조각된 여자에게 온갖 정성을 다 바쳤다.

아프로디테의 제전에서 자신의 일을 다 마친 다음, 피그말리온은 신들에게 상아 처녀와 같은 여인을 아내로 점지해 달라고 기원했다. 아프로디테는 그의 조각에 대한 사랑에 감복해 마침내 그의 소원을 들어주었다. 집에 돌아온 피그말리온이 살아 있는 듯한 조각의 입술에 입을 맞추자, 처녀의 입술이 붉어지며 온몸에 생기가 돌았다. 이후 그들은 파포스라는 자식을 낳고 행복하게 살았다.

프로이트가 어렸을 때 한 할머니가 지나가면서 "이 아이는 앞으로 국제적인 사람이 되겠구먼"이라고 말했다. 그 말을 들은 프로이트의 어머니는 프로이트가 국제적인 아이가 된다는 믿음을 받아들여 가정 형편이 어려웠음에도 불구하고 프로이트에게 남다른 애정을 쏟았다. 프로이트는 자서전에서 어머니의 기대와 사랑이 나를 이렇게 만들었다고 회고했다.

III 부
창의적인 사람들의 행동

창의적 리더는 자장면을 먼저 시키지 않는다

어떤 조직의 리더가 자신이 한 턱 낸다고 하면서 직원들과 함께 중국집을 갔다.

"오늘은 내가 한 턱 낼 테니까 먹고 싶은 것 다 시키세요."

그러고 나서 하는 말.

"난 자장면."

"띠우웅~"

그러면 대부분의 직원들은 알아서 볶음밥이나 짬뽕을 시키기 마련이다.

그중 배짱 좀 있다 하는 직원이 기어가는 목소리로 한마디 한다.

"탕수육도 시키면 안 될까요?"

사람들은 타인을 기준으로 동조하는 것뿐만 아니라 다른 사람의 선택이나 질문에 근거해서 가치 판단을 내리는 경향이 있는데 이를 닻 내리기 효과(anchoring effect)라고 한다.

가령, '당신은 한강의 길이가 1500km보다 길다고 생각합니까 짧다고 생각합니까?'라는 질문과 '당신은 한강의 길이가 150km보다 길다고 생각합니까 짧다고 생각합니까?'라는 질문에 대한 답을 비교하면 전자의 질문이 후자의 질문보다 한강의 길이를 훨씬 더 길게 판단하는 경향을 보인다.

이렇게 리더가 어떤 기준을 정해놓으면 집단사고(group think)가 발생하므로 창의적인 아이디어를 죽일 수 있다. 케네디가 쿠바를 침공할 때도 그랬고, YS의 청와대 칼국수 때도 예외 없이 이런 현상들이 나타났다.

창의적 리더는 자장면을 먼저 시키지 않는다.

창의적인 사람은 준비 운동을 한다

사무엘 존슨은 글을 쓰기 전에 가르랑거리는 고양이, 오렌지 껍질과 홍차로 분위기를 띄웠다.

브람스는 반짝이는 구두로부터 영감을 얻었다.

구스타프 마흘러(Gustav Mahler)는 작곡을 시작하기 전에 모포를 튕기며 이완했다.

프리드리히 실러는 신선한 아이디어를 얻기 위해 그의 책상을 썩은 사과로 덮었다.

루드빅 밴 베토벤은 얼음물을 머리에 부었다.

당신은 아이디어를 짜내기에 앞서 어떤 의식적인 행동을 하는가?

한 잔의 커피를 마실 수도 있고, 화장실에 다녀올 수도 있고, 자신만의 공간을 찾아갈 수도 있다.

창의적인 사람들은 작업에 들어가기 전에 자기만의 독특한 버릇이 있다. 그런 행동은 일종의 습관이고, 심리적 준비 운동이다. 그런 의식은 당신으로 하여금 좀 더 쉽게 새로운 아이디어를 샘솟게 하고, 두뇌를 베타 파에서 알파 파로 전환시켜 준다.

창조자는 많은 정보를 가지고 있다

　자신이 데이터와 정보를 많이 가지고 있는 사람들은 귀가 얇지 않다. 자신이 가지고 있는 자료가 있기 때문에 무의식적인 동조를 하지 않고 자신의 의견을 소신껏 내세운다.

　그러나 데이터와 정보가 부족하다면 사람들은 자신의 아이디어보다는 다른 사람의 아이디어에 끌려갈 가능성이 높다.

　사람들이 동조를 하는 이유는 두 가지이다. 하나는 타인들의 행동이 유용한 정보를 제공해주기 때문이고, 다른 하나는 일탈자가 되지 않고 다른 사람들로부터 따돌림을 받지 않기 위함이다.

　다른 사람은 중요한 정보원(information source)이다. 특히 타인들이 어떤 분야에 대해 잘 알고 있는 전문가일 때, 자신의 판단에 대해 자신감이 없을 때 사람들은 더 많이 동조한다. 그러나 창의적인 사람들은 쉽게 동조하지 않는다.

　창의적인 사람들은 판단을 하기 전에 많은 정보를 가지고 있으며, 정보가 많은 사람은 다른 사람들에게 쉽게 동조하지 않는다.

　많은 정보를 가지고 있는 것은 정보화 시대에 필요한 정보력이고, 그것은 곧 심리적으로 자신감을 갖게 한다. 그런 자신감은 자신의 아이디어에 대해 믿음을 갖게 하기 때문에 창의성이 발휘될 가능성을 높인다.

🅣🅘🅟 ✎ 동조 예방과 창의적 행동법

속없이 다른 사람들에게 동조하지 않고 창의적이 되기 위한 방안은 무엇일까?

첫째, 많은 정보를 가져라. 사람들은 일반적으로 정보가 부족하기 때문에 타인들의 판단에 의지하기 위해 동조한다. 자기 분야에 대한 정보를 많이 가지고 있거나 전문가일 경우 속없이 타인에 동조하는 경향은 줄어들 것이다.

둘째, 자신감을 가져라. 다른 사람들의 판단도 절대적으로 옳은 것은 아니다. 그러므로 많은 정보와 경험에 의한 자기의 판단에 자신감을 갖게 된다면 속없이 남을 따르지는 않을 것이다.

셋째, 일탈자가 되는 것을 두려워하지 마라. 사람들은 타인들과 다른 행동이나 가치관을 가지고 있을 경우 불이익을 받을 수 있다는 두려움을 가지고 있다. 그러나 다수가 항상 옳은 것은 아니므로 소수 의견일지라도 정확한 정보에 근거하거나 정의에 부합될 경우 일탈자가 되는 것을 두려워하지 말고 소신을 피력한다면 속없는 동조자는 되지 않을 것이다.

넷째, 목전의 이익에 얽매이지 마라. 시간은 흐르고 상황도 변한다. 목전의 이익에 급급해 타인에게 동조한다면 장기적으로는 손실을 가져오게 된다. 사람들은 어떤 상황에서 자신들에게 동조하지 않는 사람을 싫어하지만 장기적으로는 소신을 가지고 자신의 입장을 초지일관 피력하는 사람들을 좋아한다.

다섯째, 불이익을 감수하라. 사람들은 주로 이기적인 측면에서 자신이 불이익을 받게 될 것이 걱정되어 동조하는 경향이 있다. 개인이나 조직, 사회에서 비전과 미래의 가치를 보고 판단하라. 개인적인 이익, 단기적인 이익에 얽매이지 않는다면 속없이 타인에 동조하는 경향은 줄어들 것이다.

창조자는 벌거벗은 황제라고 말할 수 있다

'황제의 새 옷 '이라는 이야기에서 모든 군중은 아름다운 새 옷을 입고 있다고 말하는 벌거벗은 황제를 바라보았다. 그러나 단한 사람을 제외하고는 그 누구도 황제에게 벌거벗고 있다고 감히 말하지 못하였다. 단 한 사람은 다름 아닌 꼬마였다. 그 꼬마가 황제는 벌거벗었다고 말할 수 있는 용기를 가졌을 때 비로소모든 다른 사람들도 집단의 의사에 반대할 수 있는 용기를 얻게되었다.

사람들은 일탈자가 되기 싫어한다. 그래서 집단과 다른 의견을표명하기를 꺼리고, 다른 사람들의 의견에 동조하는 경우가 많다. 물론 이따금 어떤 사람은 성격적으로 사사건건 물고 늘어지는 사람도 있다. 그러나 그것은 어디까지나 예외일 뿐이다. 사회적 테두리 속에서 살고 있는 보편적인 사람들은 누구나 일탈자가 되는 것을 꺼린다.

의사결정 과정에서 동조가 일어나는 가장 중요한 외현적 요인은 집단의 만장일치이다. 집단이 의사결정을 할 때 만장일치를이룰 경우 그것은 사람들에게 커다란 동조 압력을 주게 된다. 그러나 집단이 만장일치가 이루지지 않으면 동조량이 뚜렷하게 떨어진다.

아이디어 회의를 할 때는 반대 의견을 제시할 사람을 일부러 지정해놓는 것이 좋다. 그러면 집단 의사결정이 어느 한쪽으로 집중되는 것을 예방할 수도 더 많은 아이디어를 얻을 수도 있다.

🖋 만장일치가 깨어졌을 때 동조가 감소되는 이유

첫째, 다수의 신뢰성이 상실되기 때문이다. 다수의 의견에 반발하는 사람이 있으면 다수의 주장에 의문이 있다는 것이고 그 반발자가 전문성이 있는지를 떠나 항상 다수의 신뢰성을 떨어뜨리게 되므로 동조가 감소한다.

둘째, 구성원들에게 자신감을 유발시키기 때문이다. 집단 상황에서 내심 의문을 가지고 있던 문제를 어떤 다른 사람이 만장일치를 깨고 들고나오면 내심 의문을 가지고 있던 사람도 자신감을 얻게 되므로 동조할 가능성이 줄어들게 된다.

셋째, 일탈자가 두렵지 않게 된다. 사람들은 혼자 어떤 집단의 의사결정에 반발하는 것과 같이 혼자 시류를 벗어난 언행을 하기가 두렵다. 그 때 또 다른 일탈자가 있다는 것은 하나의 커다란 힘이 되기 때문에 동조는 감소하게 된다.

이러한 결과는 집단 의사결정에서 반대하는 사람이 있으면 동조량은 현저하게 감소하고, 특히 집단 의사결정에 반대하는 사람이 정답을 이야기하면 동조량은 틀린 답을 이야기하는 경우보다 훨씬 더 줄어들게 된다는 사실을 보여주었다. 때로 사람들은 집단의 압력이나 불이익 위험 때문에 굴복해 자신의 의사를 표현하지 못할 경우가 있다. 그런 집단 의사결정에서의 만장일치 효과 연구는 용기 있는 한 사람이 얼마나 중요한가를 단적으로 보여준다.

창조자는 다른 메뉴를 시킨다

YS 문민정부 시절 청와대 오찬 메뉴가 칼국수로 바뀌었다.

그래서 청와대에 초대된 사람들은 모두 칼국수로 점심을 먹어야만 했다. 칼국수를 좋아하거나 좋아하지는 않더라도 최소한 먹을 수 있는 사람이라면 별다른 문제가 없이 청와대에 초대된 것에 기뻐했을 게다. 그러나 밀가루 음식을 싫어하거나 아예 분식을 먹지 못하는 사람이라면 칼국수가 나왔을 때 적지 않은 고생을 했을 게다. 분식을 싫어하더라도 높은 분이 선택한 메뉴이니 거부할 수도 없다.

"나는 분식을 싫어하니 백반으로 주시오."

그렇게 배짱 좋게 말할 수 있는 사람이 몇이나 되었을까?

그런 분위기가 결국 우리나라를 IMF의 구렁텅이로 몰아넣고 말았다.

점심시간에 메뉴를 선택할 때 우리는 얼마나 자유로운가?

혹시 윗사람의 눈치를 보며

"통일하지요 뭐"라고 하지는 않는가?

주인을 배려해

"같은 걸로요"라고 하고 있지는 않는가?

점심메뉴를 자유롭게 선택할 수 없는 어색한 분위기는 비단 그 상황에만 국한되는 것이 아니다. 심지어 회사, 국가 정책의 입안과 집행에도 부정적 영향을 미칠 수 있다.

ⓣⓘⓟ 📝 케네디의 집단사고와 쿠바 침공

1961년 4월 17일 케네디 대통령과 그의 보좌관들은 미국에 망명온 반(反)카스트로 쿠바인들을 훈련시켜 쿠바의 피그스만에 상륙시켰다. 그들의 최종 목적은 쿠바에 상륙해 카스트로 공산 정권을 전복시키는 것이었다. 그러나 피그스만에 상륙해 교두보를 확보하고 에스캄브레이 산맥에 있는 게릴라들과 합세해 정권을 전복시키려는 계획은 완전히 실패했다. 작전 계획은 교두보 확보에 실패할 경우 에스캄브레이 산맥으로 후퇴하게 되어 있었다. 하지만 피그스만과 그 산맥의 거리는 120km나 되었고, 그 사이에는 사람이 건널 수 없는 늪지가 펼쳐져 있었다. 세계 최고의 정보기관인 CIA가 입안하고 케네디가 참석한 가운데 결정된 카스트로 정권의 전복 기도는 침공한 지 이틀도 안 되어 특공대 1,400명 전원이 사살되거나 체포되면서 막을 내렸다(Janis, 1982).

남의 나라 정권을 전복시키려는 오만함은 그렇다 치고 왜 그런 어처구니 없는 일이 벌어졌을까? 그것은 바로 집단사고(group think)가 발생했기 때문이다.

집단사고란 집단 내에서 만장일치를 이루기 위해 합리적인 결정보다는 집단 리더의 의견에 일치하는 쪽으로 의사결정을 몰고가기 때문에 발생하는 집단 의사결정의 병폐다. 이러한 집단사고는 강력한 지도자가 있고 집단 응집력이 강하고, 자신들만이 높은 도덕성을 가지고 있다는 강한 믿음을 갖고 있을 때 발생한다. 그리고 집단 구성원들이 다른 집단에 대해 공통된 고정관념을 가지고 있을 때도 발생한다. 이러한 집단사고는 미국의 월남전 확대, 닉슨 워터게이트 은폐 기도 사건, 한국의 광주민주화운동 억압, 사회정

화운동 등에서도 나타났다.

요즘 들어 부시가 아프카니스탄에 이어 이라크를 침공하려고 혈안이 되어 있다. 전쟁 비용보다 이동과 체류 비용이 많이 드는 전쟁은 누구를 위한 잔치일까?

케네디와 같은 실책을 범하지 않기 위해 그 무엇보다 더 절실히 요구되는 것은 비판 세력을 인정하고 그들의 목소리에도 귀기울일 줄 아는 리더의 여유가 필요할 것이다.

창조자는 하고 싶은 일을 한다

세계인이 열광하는 명품 브랜드로 자리잡은 프라다는 젊음과 파격의 대명사이다. 수많은 여성들이 등에 메고 다니는 검은색 나일론 배낭은 프라다 신드롬이라고 할 만큼 선풍적이다.

프라다(PRADA)의 디자이너 미우치아 프라다는 세계 여성의 치마 길이에서 구두 굽까지 유행을 선도하는 패션도시 밀라노에서도 으뜸가는 여성이다. 그녀는 시장에 아부하는 옷은 만들지 않는다. 자본과 마케팅도 중요하지만 상품이 얼마나 훌륭하냐가 더 중요하다고 생각한다. 프라다는 외할아버지가 이탈리아 밀라노에 차린 가죽 가방 업체를 전 세계 133개 직영 매장을 가진 연 매출 17억 달러 규모의 패션 그룹으로 키워냈다.

"첨단을 달리는 것은 제 생활 방식입니다. 언제나 남다르기 위해 노력했지요. 아이디어는 집중하면 떠오릅니다. 처음에는 가방 업체가 어떻게 옷을 만드느냐는 비아냥거림과 혹평도 쏟아졌어요. 그러나 나는 스스로 만족하느냐, 실망하느냐에 더 좌우됩니다."

그녀는 밀라노 대학에서 정치학 박사 학위를 받은 뒤 무언극 배우로 활동했었다. 그녀는 처음에는 패션 디자이너가 별로 내

키지 않았다고 한다. 밀라노 패션계도 보수적이어서 그의 할아
버지는 여자들은 매장에 들어오지도 못하게 했었지만 어머니의
뒤를 이어 가업을 물려받았다.

정치학 박사와 패션 디자이너.

그녀는 정치학 박사보다는 패션 디자이너의 일을 선택했고, 가
죽 패션계를 특수 처리된 나일론으로 대체하며 패션계의 리더가
되었다.

"내가 잘하는 일 내가 하고 싶은 일에 집중했고, 성공은 나중
에 따라 왔습니다."

창조자는 떠날 줄 안다

　최근 미국 대학은 학생들의 창업 준비소 기능을 수행하고 있다. 보스턴 소재 대학정보 전문 검색 사이트 스튜던트 어드밴티지닷컴에는 스탠포드대 중퇴생 5명이 합류했다.

　스탠포드대 컴퓨터공학과 전산학을 전공하던 학부생 10명은 전자상거래 인프라 제공업체 '우시'(woosh!)를 만든다며 한꺼번에 자퇴했다. 모 대학의 한 학과에서는 벤처 사업에 뛰어들기 위해 5명의 교수 중 4명이 한꺼번에 사임했다.

　하버드대를 중퇴하고 마이크로소프트사를 차려 성공한 빌 게이츠를 보면서 자란 요즘 대학생들은 한번쯤 대학생활 중 자신의 꿈을 앞당길 창업 혹은 사회 진출을 모색한다. 대학은 벤처 인큐베이터 기능을 마다하지 않고, 스티븐스 공대는 학교에 나와 수업을 들을 수 없는 학생들을 위해 모든 수업이 온라인 상에서 이루어지는 웹 캠퍼스 과정을 개설했다. 그들은 자신이 하고 싶은 일을 하기 때문에 창의성을 발휘할 수 있었다.

　"열심히 일한 당신 떠나라."

창의성은 메모에서 나온다

창의성은 말, 사고, 행동으로부터 나온다.

그중에서도 행동은 창의적 인성과도 관련되고, 창의적 문제해결 과정과 환경에도 직접 관련된다. 어떤 행동은 아이디어를 키울 수도 있지만 어떤 행동은 아이디어를 죽이기도 한다.

창의성을 억압하고 방해하는 행동은 무엇일까?

문제를 풀다가 지쳐도 끝까지 시도한다.

권위 있는 전문가의 충고만 듣는다.

떠오르는 아이디어가 독특하다고 생각해도 말하지 않는다

오로지 하나의 정답만을 찾으려고 한다.

문제 해결을 비즈니스라고 생각해서 엄숙하게 접근한다.

실수를 두려워하고 실수하지 않으려고 노력한다.

나와 비슷한 생각을 가진 사람에게만 아이디어를 말한다.

어떤 것이 이해되지 않아도 가만히 있는다.

소를 잃기 전에는 외양간을 고치지 않는다.

메모하는 습관이 없다

창조자는 자신이 하는 일을 사랑한다

하기 싫은 일을 억지로 해보아라. 어떤 결과가 나타나는가?

하고 싶은 일을 하라.

그러면 자신의 일을 사랑할 수 있을 것이다. 하고 싶은 일을 하면 신바람이 나고, 일에 대한 열정이 생기고, 그 일을 사랑하게 된다. 그러면 자연스럽게 창의적 열정과 힘이 샘솟을 것이다.

소설가 어빙은 자신의 작품에 관한 토론에서 이렇게 말했다.

"알려지지 않은 요소는 사랑입니다. 내가 작품을 매우 열심히 쓸 수 있었던 것은 그 작업이 나를 위한 작업이 아니었기 때문입니다."

미국 NBA의 농구 스타 마이클 조던은 자신의 계약서에 '게임에 대한 사랑'이라는 조항을 넣었다고 한다. 그 이유는 자신이 원할 경우 어느 게임이건 자유롭게 뛸 수 있어야 함을 전제로 하고 있는 것이다. 그래서 그는 게임에 대한 열정을 게임에 대한 사랑으로 표현하면서까지 계약서에 명시한 것이다.

토마스 제퍼슨은 행복에 관해 이렇게 말했다.

"우리에게 행복을 안겨주는 것은 돈과 행복이 아니라 평안과 함께 내가 가지고 있는 일이다."

창의성은 편견으로부터 자유롭다

편견(偏見)이라는 말은, 치우칠 편(偏)자와 볼 견(見)자로 이루어져 있다. 이는 '한쪽으로 치우쳐 보는 것'이라는 뜻이다.

또한 영어에서의 편견(prejudice)이란 말은 원래 라틴어 'praejudicium'에서 유래된 것으로 '선입관 혹은 불합리한 의견'(unreasonable opinion)이라는 뜻이다.

편견은 이전의 판단이 잘못되었을 때, 비록 반대되는 새로운 증거가 입증되어 제시된다 하더라도 이전의 판단이 쉽게 사라지거나 고쳐지지 않는다. 오히려 반대 증거에 대해 감정적으로 강력하게 저항한다.

편견은 창의성을 억압한다.

편견은 아이디어를 죽인다.

사람이 편견으로부터 완전히 자유로울 수는 없지만 창의적인 사람들은 편견으로부터 자유로워지려고 노력한다.

창조자는 차별대우를 하지 않는다

요즘 입사 시험 이력서에 사진을 붙이지 않거나 본적을 없애는 회사가 늘어나고 있다. 심지어 출신 학교를 평가 대상에서 없애는 회사도 있다.

이것은 편견을 없애고 차별대우를 없애려는 노력이다.

편견이 감정 요소와 인지 요소에만 영향을 미친다면 사회적으로 그리 중요한 문제가 되지는 않는다. 그러나 편견은 주로 부정적 감정과 연합되어 차별대우와 같은 적대적 행동으로 이어진다. 그리고 그 결과는 지역감정, 지역차별, 인종차별과 같은 사회적 문제를 일으키기도 한다.

대부분의 사람들은 적대적인 말로 시작해 특정한 사람을 회피하고, 심할 경우 그 사람에게 적극적인 차별대우를 시도한다.

창조자는 편견으로부터 자유로우며 사람을 차별대우하지 않는다.

창조자는 편견을 극복하기 위해 노력한다

50년대 미국에서는 흑인과 백인의 인종 편견을 줄이기 위해 버싱(busing)을 시도했다.

버싱은 흑인 지역의 학생들을 백인 지역의 학교로 보내고, 백인 지역의 학생들을 흑인 지역의 학교로 보내 함께 수업을 받도록 한 인종 갈등 감소 정책이었다.

그러나 그 정책은 실패했다. 단지 같은 학교, 같은 교실에 있는 것만으로 인종 편견과 갈등이 줄어들지 않았기 때문이다.

편견을 줄이기 위해서는 접촉을 통해 동료 의식을 높이고 호감을 증가시키는 것이 중요하다. 그러나 거기에는 전제 조건이 있다.

올포트(Allport)는 『접촉 이론의 활용』에서 편견을 줄이기 위한 접촉에는 세 가지 전제 조건이 있다고 주장했다.

첫째, 밀접한 접촉이 필요하다. 단순히 공간적으로 같이 있는 것만으로는 편견을 감소시키지 못하며 밀접한 상호작용이 될 수 있도록 해야 한다.

둘째, 협동적 상호작용이 필요하다. 공동목표를 설정하고 함께 그 목표를 달성하기 위해 노력해야만 한다.

셋째, 동등한 지위에서의 접촉이 필요하다. 상호 밀접한 교류가 이루어지더라도 그러한 접촉은 동등한 지위에서 이루어져야만 한다. 전통적 지위의 불균형이 지속된다면 분노가 발생할 수 있고, 그렇게 되면 오히려 고정관념만 강화시킬 수 있다.

창조자는 우상을 버릴 줄 안다

세상을 편견 없이 보려면 어떻게 해야 할까?

'아는 것이 힘이다' 라는 말로 유명한 경험론의 아버지 베이컨 (1561-1626)은 사람들이 세상을 바로보기 위해 버려야 할 네 가지 우상을 지적했다.

네 가지 우상이란 바로 우리가 가지고 있는 네 가지 편견을 말한다.

첫째, 종족의 우상이다. 프로타고라스는 '인간은 만물의 척도' 라고 주장했지만 세상을 바로보기 위해서 버려야 할 첫 번째 우상은 바로 인간 중심으로 세상을 보는 것이다.

둘째, 동굴의 우상이다. 사람들이 가지고 있는 주관이란 우상을 버려야 한다. 사람들은 자기가 배부르면 다른 사람도 배부르다고 생각하고 자기에게 옳은 것은 다른 사람에게도 옳을 것이라고 생각한다. 그러나 그렇지 않을 때도 많다.

셋째, 시장의 우상이다. 시장의 우상이란 바로 말(언어)로 인해 나타나는 편견이다. 비고츠키는 '언어는 사고' 라고 했고, 하이데거는 '언어는 존재의 집' 이라고 했다. 그만큼 말 속에는 생각과 사물의 존재가 깃들어져 있는 것이다. 그러나 말은 고정관념, 편견, 지역감정을 일으키는 근본이다.

넷째, 극장의 우상이다. 이는 남의 생각이나 옛날부터 전해 내려오는 생각으로 인해 나타나는 편견이다. 극장에서 배우가 어떤 역할을 맡아 연기하다 보면 자신도 모르게 그 역할이 가지고 있는 생각이나 행동을 답습하게 되듯이 우리는 자신도 모르는 사이에 다른 사람의 생각이나 전통을 무조건 따르게 된다.

창조자는 먹고사는 것에 얽매이지 않는다

사람들에게는 메타 욕구라는 것이 있다.

메타(meta)란 라틴어 접두사로, 그 후(after) 또는 그 이상 (beyond)이란 뜻이다. 메타 동기란, 과거의 전통적인 동기의 견해인 저차원적인 동기 개념을 넘어서는, 삶을 창조하고자 하는 고차원적인 동기를 의미한다. 이러한 메타 동기를 달성하고자 움직이는 동적인 상태를 특히 메타 동기화(meta motivation)라고 하는데, 흔히 성장(growth) 동기화, 존재(being) 동기화 혹은 줄여서 'B동기화' 라고도 한다.

자기 완성을 이루려는 사람들은 저차원적인 결핍(deficiency) 동기에 의해 움직이기보다는 정의, 진·선·미, 질서, 조화 등과 같은 성장(growth) 동기에 의해 움직인다.

인본주의 심리학을 창시한 매슬로는 말년에 동기 위계 이론을 보완하기 위해 이차적 동기를 제안했다. 메타 욕구는 이차적 동기이며, 알고자 하는 욕구와 이해하고자 하는 욕구(need to know and to understand)를 말한다. 욕구 위계 이론에서 제시했던 동기들과는 달리 세상에 대한 탐구와 관련된 이러한 욕구들 역시 선천적으로 타고나는 것이다.

사람들은 알고자 하는 욕구가 이해하고자 하는 욕구보다 더 강하다. 알고자 하는 욕구가 충족되면 이해하고자 하는 욕구가 나타나는데, 사람들의 지적 호기심과 관련된 이차적 욕구들은 자기 완성의 동기와 같이 선천적으로 인간에게 부여된 본성적인 메타 욕구이다.

메타 욕구란 먹고사는 데 얽매이지 않고 자기를 완성하고 창조하려는 인간을 움직이는 창조적 힘이다.

창조자는 고상한 병을 앓는다

선천적으로 세상을 알고, 이해하고자 하는 욕구와 완전한 인간이 되기 위하여 모든 잠재력을 발휘하고자 동기화된 사람들은 낮은 수준의 욕구를 만족시키려고 발버둥치지 않는다. 그들은 현재의 상태에서 즉 여기서-지금(here & now), 자발적으로, 자연스럽고 즐겁게 그들의 인간성을 표현하고자 한다.

만약 사람들이 이러한 욕구를 충족시키지 못하거나 실패하면 낮은 욕구가 충족되지 않았을 때와 마찬가지로 욕구 불만, 긴장, 불안 증상이 나타난다. 결국 메타 동기의 좌절도 심리적 병리 현상을 초래하는데, 메타 동기의 좌절 때문에 발생하는 심리적 어려움을 메타 병리(meta pathology)라고 한다.

메타 병리 현상은 다른 심리적 질환과 마찬가지로 명확한 원인을 파악하기는 힘들지만, 이것은 자기 완성적인 인간으로 성장하고, 발달하는 것을 방해할 수도 있는 일부 사람들은 겪어보기 힘든 고상한 병이라고나 할까.

오늘 난 삶을 유지하는 데만 얽매여 있지는 않은가? 그저 먹기 위해 살고 있지 않은가?

사람이 산다는 것은 목숨이 붙어 있는 것만을 의미하지는 않는다. 산다는 것은 좀 더 나은 내일을 향해 나아가는 것이고, 자기를 발견하고 완성하려는 창조적인 삶을 의미하는 것이다.

이제 우리는 삶을 창조하고자 하는 메타 동기를 활성화시켜 창조적인 삶의 주인공이 되어야 한다.

외적 동기화는 창의성을 죽인다

보상은 창의성을 촉진시킬 것인가?

처음의 행동을 촉발시키는 데 효과적일 수는 있지만 보상은 근본적으로 순수한 창의성을 억압한다.

테레사 에이머빌(Teresa M. Amabile, 1989)은 사람들의 동기화를 외적 동기화(external motivation)와 내적 동기화(internal motivation)로 구분했다.

외적 동기화를 하는 사람들은 평가 · 보상 · 경쟁 · 제한 · 직접적인 유인과 강화 · 강요에 의해 움직인다. 그런 방식은 창의성의 발달이나 성취에 별로 도움이 되지 않는다. 오히려 창의성 발달과 창의적 활동을 저해한다.

돈을 보고 직장을 선택하는 사람, 돈을 따라 움직이는 벤처 연구가, 상대방으로부터 강화를 받기 위해서 하는 사랑, 상사의 평가 때문에 움직이는 세일즈맨, 남보다 한 발 앞서나가기 위해 경쟁하는 사업가는 창의적이지 못하고 창의적인 결과를 생산하지 못한다.

〈창의성을 죽이는 외적 동기화 4가지〉

1. 평가
2. 외적 보상
3. 경쟁
4. 제약(기회, 정보, 자료 등)

내적 동기화는 창의성을 살린다

톰 우젝(T. Wujec)은 창의성을 요리에 비유하면서 창의성에서 중요한 세 가지 요소를 들었다.

새로움(novelty), 아이디어를 구체화할 수 있는 능력과 결과물과 관련된 가치(value), 내적 동기부여와 관련된 열정(passion)이 그것이다.

열정은 돈과 승진 같은 외적 동기부여로도 일어날 수 있지만, 더욱 중요한 것은 내면의 가치, 일의 즐거움, 하고 싶어하는 일, 자존심, 성취 욕구와 같은 내적 동기부여로 일어날 때 더 활활 타오른다.

내적 동기화를 하는 사람들은 새로운 것과 이상한 것에 스스로 흥미를 느끼고, 탐구적·자발적으로 문제 해결의 과정을 전개하는 활동에서는 창의적인 태도·기능·성과가 두드러지게 나타난다.

내적으로 동기화된 사람들은 마음이 열려 있고, 수용적이며 존중받는 학습 분위기와 가정 분위기에서 가장 자신다워지고 창의적인 존재로서 성장했다. 남들의 눈치로부터 자유롭고, 허례허식으로부터 자유로우며, 외적 보상과 경쟁보다는 내적 보상과 성취

감에 따라 움직이며, 풍부한 자료를 접할 기회를 갖고, 스스로
세운 목표와 계획을 실험하고 탐색하고, 여러 가지 상황을 경험
하고, 스스로 기준을 세워서 자신의 활동과 결과를 평가한다.

내적 동기화는 밖으로부터 주어지는 수용적인 것이 아니라, 안
으로부터 피어나고 스스로 동기화되는 자발적인 활동이다.

말을 냇가로 끌고 갈 수는 있어도 억지로 물을 먹일 수는 없다.

적어도 내적으로 동기화되어 있는 사람들은 이런 말을 하지
않는다.

'할 일이 없습니다.'

'일거리를 주세요.'

창의성은 동기부여로부터 나온다

창의성은 독야청청하지 않는다.

창의성이 온전하게 발휘되기 위해서는 몇 가지 요소들이 조화를 이루어야 한다.

테레사 에이머빌은 『현상돌파의 사고력』(Breakthrough Thinking)이라는 책에서 창의성은 기술, 수행 절차, 지적 능력과 같은 전문성(expertise), 창의적 문제해결 능력 같은 창의적 사고력(creative thinking skills), 동기부여(motivation)의 삼 요소에 의해 이루어진다고 주장했다. 창의성에는 위의 세 가지 요소가 모두 중요하지만 조직이나 경영 측면에서 가장 효과적인 창의성 증진 방향은 동기부여의 측면에서 이루어져야 한다.

아무리 사람들이 많은 지식과 문제 해결 능력을 가지고 있더라도 특정 업무에 대한 동기가 부여되어 있지 않다면 그 업무를 시작하지도 않고 창의적으로 문제를 해결하지도 않을 것이다. 특히 돈과 승진 같은 외적 동기화보다는 내적 동기화가 중요하다.

에이머빌은 20년 동안 작업 환경과 창의성을 연결하는 것은 무엇일까라는 주제로 진행된 연구 결과 내적 동기부여는 조직 환경의 미묘한 변화에 의해서 상당 부분 증진될 수 있음을 밝혀냈다.

창조자는 청출어람한다

왜 당신은 당신에게 어울리지 않는 자리에 앉아 인생을 허비하고, 조직에 부담을 주고 있으며, 사랑하지도 않는 사람을 붙잡아두려고 하는가.

그리고 마침내 당신에게 돌아오는 것은 무엇인가?

'개인 심리학'이라는 분야를 개척한 앨프레드 아들러는 프로이트의 동료이자 제자이다. 하지만 그는 결국 프로이트의 가르침을 반대하고 자신의 생각을 발전시켜 갔다. 프로이트는 아들러가 변절한 제자라고 주장했지만 아들러는 이를 완강히 부인하면서 자신이 프로이트로부터 많은 것을 배운 것은 인정하지만 프로이트의 과오로부터 득을 보았다고 말했다.

아들러의 사상은 결국 프로이트의 범성욕적인 사상과 갈등을 빚게 됨으로써 프로이트와 결별하는 계기가 되었고, 두 사람은 1911년 서로 헤어진 이후 화해하지 않았으며 남은 여생 동안 서로를 통렬히 비난했다. 프로이트는 체구가 작은 아들러를 난쟁이라고 부르면서 자신이 난쟁이를 위대하게 만들었다고 말했다.

그러나 아들러는 "거인 어깨 위에 서 있는 난쟁이는 그 거인보다 훨씬 멀리 볼 수 있다"라고 맞받아치면서 제 갈 길을 갔고,

마침내 심리학의 일가를 이루었다.

❶ ❶ ⓟ ✎ 창의성을 강조한 아들러

　불구의 몸을 딛고 훌륭한 심리학자가 된 아들러(A. Adler)는 프로이트를 옹호하는 글을 쓴 것을 계기로 프로이트와 교류를 시작한다. 그러나 그는 자신이 정신분석학자라고 생각해본 적도 없었고 정신분석을 행한 적도 없으며 프로이트가 신경증의 원인으로 성을 강조한 것을 받아들이지도 않았다.

　아들러는 프로이트의 심리성욕적 에너지인 리비도에 반대하고 인간을 본능의 포로가 되어 있거나 문화적인 압력이나 유년기의 경험에 의해 결정되는 존재가 아니라 능동적으로 자신의 성장과 미래를 지시하고 창조하는 존재라고 보았다. 이런 측면에서 보면 아들러는 1940년대에 등장하는 인본주의 심리학의 선구자였던 셈이다.

　아들러는 인간 행동의 근원을 우월 추구라고 보았다. 그것을 충족하지 못하는 데서 발생하는 열등 콤플렉스는 인간의 성격과 행동을 결정하는 근본적인 심리현상이다. 사람들은 열등 콤플렉스를 보상함으로써 열등감을 극복하려고 하는데, 그 와중에 간혹 과잉보상을 할 때가 있다. 그러한 것이 결국 사회적으로 문제 있는 성격과 행동을 이루는 근간이 되는 것이다.

　아들러는 출생순위가 성격에 미치는 현상을 연구했고, 콤플렉스에 관해 많은 연구 결과를 남겼다. 그는 자기완성을 향해 나아가려는 인간의 우월추구 동기를 주장했다. 그리고 건강한 사람들은 직업과 여가, 사랑, 우정이라는 발달과제를 달성해야 한다고 주장했다. 그리고 창의적 문제해결 능력과 창의성을 인간이 나아가야 할 방향 중의 하나라고 주장했다.

　아들러는 의식적이고 합리적인 정신과정에 관심을 가져 자아심리학의 발달을 촉진했으며, 성격의 자발적이고 창조적인 면을 강조함으로써 다른 심리학자나 정신치료자들에게 직접, 간접적으로 영향을 주었다.

창의성은 자발적인 팀 구성으로부터 나온다

'말을 물가에 끌고 갈 수는 있어도 물을 먹일 수는 없다.'

인본주의 심리학자들은 사람들을 자유의지를 가지고 있는 자유로운 행위자(free agent)로 보았다. 만약 자유의지가 꺾이고 자유로운 행위를 스스로 선택할 수 없다면 창의성은 그저 공염불에 지나지 않을 것이다.

인간의 자발성이 말살되면 조직의 잠재적 경쟁 무기인 새롭고 신선한 아이디어를 잃게 된다. 게다가 구성원들의 열정과 몰입을 방해함으로써 창의성을 해친다.

에이머빌은 구성원들의 가장 큰 불평은 아마도 자신들이 조직에 의해 억압받고, 좌절당하고 있으며, 통제받고 있다는 생각이라고 주장했다.

그녀는 『현상돌파의 사고력』이라는 책에서 프록터 앤드 갬블(P&G)의 변신에 대해 소개했다.

한때 창의성의 온상이었던 P&G가 상품 혁신의 급격한 감소를 해결하기 위해 코퍼레이트 뉴 벤처스(CNV)를 설립했다. 일단 CNV는 자원자로 구성되어 내적 동기부여를 높였다. 그리고 회사의 미래를 개척할 수 있는 혁신적인 신상품 개발이라는 분명하고 도전적인 전략 목표를 부여하고, 업무에 관한 폭넓은 재량권을 주었다. 그 결과 창의력 지원 차원에서 높은 점수를 받았을 뿐만 아니라 3년 동안 11개 프로젝트를 마치고 그 결과를 상품화함으로써 CNV의 규모와 업무 범위는 확대되었다.

창조자는 이따금 일상을 탈출한다

앙드레 지드는 한 달에 한 권쯤 자신과 관련이 없는 책을 읽었다고 한다.

루이 라무르는 이렇게 말했다.

"만약 창조적이고 싶다면, 당신의 호기심이 이끄는 곳으로 따라가 보라. 그리고 무언가를 해보라. 다양한 경험을 쌓아보라."

오늘은 다른 길로 출근을 해보자.

오늘은 다른 음식점에서 점심을 먹어보자.

그 동안 보지 않던 스타일의 영화를 보자.

내가 구독하지 않던 경제 신문을 펼쳐보자.

다른 사람이 운전하는 차의 뒷좌석에 타보자.

집안의 가구를 새롭게 배치해보자.

내가 알지 못하는 사람들이 있는 곳을 가보자.

혼자 술을 마셔보자.

훌쩍 여행을 떠나보자.

집에서 빈둥거려보자.

요리 학원을 다녀보자.

KSR-3라는 한국형 로켓을 개발한 채연석은 이렇게 말한다.

"여행 다닐 때도 왔던 길로 거의 되돌아가지 않습니다. 새로운 길을 알아내고 그 풍광을 보고 싶기 때문입니다."

삶이 너무 통상적이고 습관적이라는 느낌이 들면 그것은 바로 신선한 양념을 집어넣어 볼 시간이 되었다는 뜻이다.

일상으로부터의 탈출.

그것은 새로운 아이디어를 얻기 위한 신선한 스트로크이다.

창의성은 차별화로부터 나온다

사람들은 본능적으로 수정되는 순간부터 경쟁을 한다.

본능적인 잉태로부터 사회적인 삶의 경쟁과 투쟁을 거쳐 실존적인 삶을 향해 자기를 실현하고 자기를 완성하는 삶을 살아가는 삶이 건강하고 창의적인 삶이다. 심리학자인 매슬로(A. Maslow)는 이렇듯 자신의 삶을 완성하려고 경쟁하고 투쟁하는 삶을 살아가는 사람들이 건강하며, 그렇지 못한 사람들은 건강하지 못한 삶을 사는 것이라고 말했다.

우물 안 개구리들의 밥 그릇 싸움을 벗어나 넓은 세상과 경쟁해야 한다. 자신이 속해 있는 조직, 사회를 넘어 넓은 세상 속의 자기 위치를 파악하고, 자신의 능력과 정보를 분석해야 한다. 그리고 다른 경쟁 상대와 차별화를 이룩해야 한다.

창의성은 차별화로부터 시작된다.

기존의 방식과 다른 것, 새로운 것, 부가된 것, 신설된 것, 달라진 것 등등.

영화관을 운영하는 벨기에 기업인 버트 클레이즈는 세계 최초의 초대형 복합 영화관 키네폴리스를 통해 쇠퇴하는 영화관 운영을 혁신적으로 개선했다. 작은 스크린, 100석 이내의 좌석,

35mm 영사기가 아닌, 넓은 좌석 공간, 초대형 스크린, 700석 이상의 좌석, 최신 음향 시설 등을 갖추며 기존의 시설을 확장해서 운영하려던 기존의 업자들과 차별화했다.

만약 그가 다른 영화관들처럼 기존의 영화관을 확장하려 했다면 그는 혁신자라기보다는 순응자에 속했을 것이다.

창조자는 느림의 미학을 안다

"서두르지 말고 작은 이익에 한눈팔지 말라. 서두르면 달성하지 못하고 작은 이익에 한눈팔면 큰 일에 성공하지 못한다."

논어에 나오는 말이지만 창의성 시대에 온고지신(溫故知新)을 되새겨보아야 한다. 생산성 패러다임의 시대에는 효율성과 스피드, 그리고 경쟁이 가장 중요한 가치 기준이었다. 그러나 창의성 패러다임 시대에는 창의성과 여유, 그리고 경쟁을 넘어선 초(超)경쟁이 중요한 가치 기준이다. 창의성 시대에는 여유를 가지고 느림의 미학을 음미하는 삶의 모습을 추구해야 한다.

창의성 패러다임에 적응하기 위해서는 스피드, 경쟁보다는 여유를 가지고 자신의 일에 몰두할 수 있는 삶이 있어야 하고, 경쟁적으로 남보다 앞서나가려고 노력하기보다는 남과 다른 차별화 전략을 구사해야 한다. 일 중독증에 빠져 목표만 향해 돌진하는 사람들에게는 여유가 없다. 아들러는 사람들이 획득해야 할 발달 과업 중에 일과 여가(work & leisure)를 들었다.

풀러는 이렇게 말했다.

"재산을 가지고도 그것을 즐기지 못하는 삶은, 황금을 나르고도 엉겅퀴를 먹는 당나귀와 같다."

창조자는 먼저 공격하지 않는다

중세 페르시아의 신비주의적이고 실천도덕적인 시인 사디는 공격하는 사람들에게 이렇게 말했다.

"가치없는 돌 한 조각이 황금 술잔에 상처를 낸다 해도 그 돌 조각의 가치는 증가하지 않으며, 금의 가치도 감소되지 않는다."

창의적인 사람들은 시덥지 않은 사람들과 경쟁하기보다는 차라리 양보한다.

창조자들은 먼저 공격하지 않는다. 그러나 상대방이 공격하면 반격할 줄 안다.

사람들은 본능적으로 경쟁을 좋아하고 인생의 상당 부분을 경쟁하며 지낸다. 경쟁 심리는 생존을 위한 투쟁방식이자, 생존을 유지하려는 본능적 표현이다.

운전할 때 흔히 경험하는 일이지만 옆 차선의 차가 추월하면 자신도 모르게 가속을 한다.

그러나 이러한 상황은 모두 서로에게 이득이 되는 쪽으로 해결이 가능하다. 가령 추월을 허락하지 않으려고 긴장하고 과속하기보다는 양보함으로써 추월하는 사람의 욕구도 충족시켜 주면서 자신의 안전도 지킬 수 있다.

그러나 사람들은 서로 협동하고 양보함으로써 최대의 이익을 얻을 수 있음에도 불구하고 단지 상대방에게 지기 싫고 상대방이 더 많이 얻는 것이 배가 아파서 경쟁하는 경우가 많다.

보통 사람들은 공동의 이익을 추구하기보다는 상대방과의 차이를 최대화시키는 합영게임(zero sum game)을 즐긴다. 그러나 한 발 비켜서서 생각해보면 세상에는 win-win 할 수 있는 비합영게임(non zero sum game)도 많다. 창의적인 사람들은 상대방을 위협하지도 않으며, 먼저 공격하지도 않는 비합영게임을 즐긴다.

경쟁 심리와 트럭 몰기 게임(trucking game)

사람들의 경쟁 심리를 알아보기 위해 도이취와 크라우스(Deutsch & Krauss(1960))는 '트럭 몰기 게임'(trucking game)을 고안했다.

실험자들은 게임에 참가한 사람들에게 대립적인 트럭회사인 에크미와 볼트사의 대표라고 생각하고 자기들의 트럭을 가능한 한 신속하게 출발점에서 종점으로 이동시키도록 요구하였다. 이동이 신속할수록 더 많은 이득이 생기며, 사용할 수 있는 길은 두 가지였다. 한 가지 길은 길이 구부러져 있어 멀지만 상대 회사차와 마주칠 기회는 없다. 다른 한 가지 길은 직통노선이지만 가운데가 일차선 도로이기 때문에 트럭들 중 한 대가 후진하지 않으면 두 사람 모두 전진할 수 없는 갈등 지점이다.

실험자들은 일차선의 끝에서 상대방 차들이 직선통로를 이용할 수 없도록 통제할 수 있는 문을 설치하였다. 문을 닫음으로써 한 사람은 상대방의 트럭이 직통노선을 사용하지 못하도록 할 수 있었기 때문에 그 문은 일종의 위협수단이었다. 실험자들은 문을 사용할 수 있는 조건을 변화시켜 위협 없음(문 없음), 일방적 위협(한 사람만이 문을 소유함), 쌍방적 위협(두 사람 모두 문을 소유함) 조건으로 구분하였다.

그 결과 가장 신속한 운반을 함으로써 최대의 이익을 볼 수 있었던 조건은 두 운전사들이 모두 위협수단을 소유하지 않았을 때였고, 가장 느린 운반을 해서 최소의 이익을 본 조건은 두 운전사들 모두 위협수단을 가지고 있었을 때였다. 실제로 이익은 위협 없는 조건에서만 발생했고, 위협이 있는 다른 두 조건에서는 손실이 발생했다.

상대방에 대한 위협 잠재력의 상승은 갈등을 증폭시키고 나쁜 이익 분배를 가져온다. 양보하고 상대방을 인정해주는 것이 때로 자기에게도 이익이 될 수 있음을 잊지 말아야 할 것이다.

창조자는 술값을 먼저 내지 않는다

우리 속담에 '성미 급한 놈이 술값 먼저 낸다'는 말이 있다.

덴마크 격언에는 이런 말이 있다.

"모자는 재빨리 벗되 지갑은 천천히 열라."

사람들의 성격은 개인차가 존재하지만, 성격은 크게 성격이 급한 사람과 여유 있는 사람으로 구분할 수 있다.

어떤 초보 운전자는 초보운전 딱지 대신 이렇게 써붙였다.

"답답하쥬. 지는 미치겠슈."

홈런왕 이승엽의 핸드폰에는 이렇게 써 있다.

"여유."

성격이 급하고 경쟁적이고 목표지향적인 성격을 A타입, 여유 있고 덜 경쟁적이고 참을성이 있고 낙천적인 성격을 B타입이라고 한다. 사람의 성격을 하루 아침에 바꿀 수는 없지만 창의성 패러다임 시대에는 A형 성격보다는 B형 성격이 더 잘 어울린다.

그러나 마음은 B타입이면서 행동은 A타입이라면 창의성에는 금상첨화이다.

🌀 A형 성격과 건강

A형 성격과 건강과의 관계는 로젠만(Rosenman) 등에 의해 연구되었다.

A형 성격(type-A)은 강한 야심, 경쟁적 충동, 끝까지 몰두하고 쉽게 긴장하는 사람들이다. 이런 사람들은 말이 빠르고 정열적이다. 그리고 강한 적대감을 잘 나타낸다. 항상 시간이 부족하다고 느끼며, 한꺼번에 두 가지 이상의 일을 하려고 하거나 실행한다. 이러한 경향 때문에 성취를 질보다는 양적으로 측정하려는 경향이 있다. 그에 비해 B형 성격은 여유 있고 덜 경쟁적이며 참을성이 있다.

실험자들은 39세에서 59세에 이르는 성인 남자 3,000명을 8년 반 동안 연구하였다. 연구가 시작될 당시 피험자들은 관상동맥 심장병(coronary heart disease, CHD)을 가지고 있지 않았다. 3,000명의 성인 남자 피험자들 중 절반인 1,500명은 성격이 A형 성격이었는데, 8년 반 후 A형 성격과 B형 성격을 가진 사람들의 건강을 비교하였다. 그 결과 A형 성격이 B형 성격보다 관상동맥 심장병을 두 배 이상 일으켰다.

A형 성격은 똑같은 스트레스 상황에 직면했을 때 B형 성격과는 달리 공격적이었고, 어떤 일에 더 많은 노력이 요구되면 피로를 부인하고 어떻게 해서든지 해결하려고 한다. 또한 일상 생활에서 도전적인 일에 당면하면 맥박, 혈압, 호흡수가 크게 증가하고, 위험에 처했을 때 분비되는 아드레날린과 같은 호르몬도 왕성하게 분비된다. 흔히 혼자 남아서 일하는 것을 좋아하고 일을 빨리 처리하려고 하기 때문에 천천히 방법적인 측면을 중시하는 복잡한 과제수행은 뒤떨어진다.

이러한 성격과 행동패턴 때문에 A형 성격은 심장마비, 순환기 질환과 같은 장애를 겪게 된다. A형 성격에 속하는 사람들은 CHD의 발병률이 B형 성격에 비해 두 배 이상 높지만, 치료한 다음에도 재발할 가능성은 B형 성격에 비해 다섯 배나 높았다. 그러므로 너무 조급하게 서둘지 말고 여유 있게 때로는 그러려니 하면서 양보다는 질적인 삶을 추구하는 것이 건강에 좋다.

창의적인 사람들은 다양한 사람들을 만난다

'실리콘 앨리'를 움직이는 보이지 않는 손이 있다.

초창기 '실리콘 밸리'를 움직이는 손이 스탠포드 대학의 터먼 교수였다면, 뉴욕대 예술대학 ITP(Interactive Telecommunication Program) 학과장인 레드 번스 교수는 실리콘 앨리를 움직이는 보이지 않는 손이다.

그는 미디어 아티스트 출신으로 20여 년 전 뉴욕대에 세계 최초로 컴퓨터를 이용한 새로운 커뮤니케이션을 연구하는 ITP 대학원 과정을 만들었다. ITP 과정은 컴퓨터나 그래픽 디자이너를 가르치는 곳이 아니라 컴퓨터란 도구를 이용한 새로운 커뮤니케이션을 실험하는 곳이다. 현재 수천 명의 제자가 실리콘 앨리를 장악하고 있으며, 환갑이 넘은 나이에도 관련 업계에 상당한 영향력을 행사하고 있다. 그는 창의성을 키우기 위한 특별한 교육과정이나 교수법은 없다고 말한다.

"학생들이 가장 특별하다. 세계 40여 개 나라에서 모였고 각자 다른 배경과 능력을 가졌다. 서로 협력 작업을 통해 각자 경험을 나누는 것이 여기서 가장 중요하다. 그래서 신입생 선발을 할 때도 학점만이 아니라 전공별, 나라별로 안배한다."

창의적인 사람들은 상보적이다

　　1930년대 미국 캘리포니아의 세너제이 인근의 살구 · 배 · 복숭아 · 포도 과수원을 세계 최대의 실리콘 밸리로 만든 사람은 스탠포드 대학의 터먼 교수이다. 그는 휴렛과 팩커드를 묶어 회사를 설립했고, 대학과 기업에서 그런 사람들을 돕는 데 기여했다. 그는 휴렛과 팩커드에게 자금 지원을 해주며 실리콘 밸리 신화의 촉매 역할을 담당했다. 터먼 교수가 휴렛과 팩커드를 연결해준 것은 두 사람의 장, 단점을 잘 알고 있었기 때문이다.

　　애플 컴퓨터의 스티브 잡스와 스티브 워즈니악은 상보적인 특성을 가지고 있었다. 스티브 잡스는 대단히 몽상적인 사람이었다. 그에 비해 스티브 워즈니악은 스티브 잡스의 몽상적인 꿈을 이론적으로 뒷받침하는 이론가였다.

　　그들의 만남은 시너지를 창조했고 결국 성공 신화를 이룩했다.

창의적 몽상가는 이론가를 만나야 한다

빌 게이츠도 대단히 상상력이 풍부한 몽상가이다. 어린 시절부터 컴퓨터에 빠져 장난감 놀이 속의 상상을 구체화하려고 노력했다. 그러나 그의 그런 상상이 구체화되고 프로그램으로 연결된 것은 어린 시절부터 친구였던 폴 알렌의 도움이 있었다. 그들은 사회적으로 성공했을 뿐만 아니라 경제적으로 세계 최고의 갑부를 다투고 있을 정도로 성공했다.

그들이 꿈을 이룰 수 있었던 것은 두 사람의 성격과 특성, 능력이 서로 달라 상보적인 인간관계를 만들었기 때문이다. 한 명은 상상력이 풍부한 몽상가(visionary)라면, 다른 한 명은 이론적 실력이 강한 이론가(analyst)이다.

그러나 모든 것이 서로 달라야 하는가?

그렇지는 않다.

두 사람의 목표와 비전은 비슷해야 이런 상보성이 나타난다.

창조자는 전체를 중시한다

"전체는 부분의 합 이상이다."

숲은 나무들의 단순한 합 이상의 가치를 갖고 있다.

인간의 심리적 경험은 통일된 전체일 때 비로소 유의미해지는 것으로 추상적인 요소의 무의미한 결합에 의해 형성된 것도 아니며, 분석이 가능하더라도 그것은 이차적인 문제다. 비록 분석을 통해 발견된 요소라고 할지라도 항상 불변하는 성질을 갖는 것이 아니라 전체에 의해 부분의 성격이 규정되는 것이다.

이렇게 전체와 형태를 강조하는 심리학파는 독일에서 시작되었는데 형태주의 심리학파, 즉 게슈탈트 심리학파라고 한다.

Gestalt를 영어로 표현할 때 적합한 단어는 없지만 shape, form, configuration을 조합한 포괄적 의미이다.

창조자는 부분보다는 전체적인 성질이 더욱 근본적인 것이고 중요한 것이라고 보았다. 이와 같이 한 덩어리로 조직되어 유의미한 전체를 형성하고 있는 것이 형태(Gestalt)이다.

플라톤의 이원론에서 재료와 형상을 말할 때 형상이며, 요소가 합쳐 하나의 형태를 이룰 때 부여되는 새로운 가치를 창발성(emergency)이라고 한다.

창의적인 사람들은 부분보다는 전체를 중시하며, 부분적 가치보다 전체의 가치를 중시한다.

🎯 형태주의 심리학

심리학의 흐름 중에는 형태주의 학파가 있다. 형태주의 심리학은 독일에서 시작되었다.

형태주의는 심리학 최초의 학파인 구성주의의 요소론적 심리학에 반대하면서 의미있는 전체를 강조한 심리학파다. 이 학파는 프랑크푸르트 대학의 베르트하이머의 논문을 계기로 독일을 중심으로 이루어졌다. 형태주의 심리학은 경험적이고 현상주의적이고 전체주의적이다. 이러한 형태주의의 사상은 그라아츠 학파를 비롯한 여러 사상가들의 영향을 받고 있지만, 학파로서의 성립은 이들 3인에 의해 이루어졌다. 특히 그 중에서도 형태주의 학파의 기본적인 착상과 계획은 베르트하이머에 의해 이루어졌다.

형태주의는 행동주의에 반발해서 생긴 학파라기보다는 구성주의에 반발해서 생긴 학파다. 형태주의는 기존의 심리학이 내성을 다루었다고는 하나 추상적 분석과 기계적 결합으로 심리과정을 설명하는 것에 반대했다. 그리고 전체적 경험 중에는 요소가 갖지 못한 성질도 있음을 중시했다.

형태주의 학파는 1879년 심리학 최초로 과학적 실험실을 열었던 분트(Wundt)의 요소론적 심리학에 반대하고 의미 있는 전체를 중시하는 심리학파이다. 의식은 요소의 단순한 결합이 아니며, 부분에서 전체를 구성하는 것도 아니다. 그래서 형태주의는 인간에서 직접 부여된 전체적 구조와 성질을 형태라고 명명하고, 그러한 형태를 중심 개념으로 삼고 있는 심리학의 흐름이다.

창조자는 시너지를 활용한다

한 장의 합판이 세로와 가로로 합쳐지면 더 강한 합판이 된다.

남자와 여자가 서로의 차이를 인정하고 사랑하면 더욱 행복해진다.

논리적인 사람이 직관적인 사람과 일을 하면 더욱 창의적이다.

공상가와 실천가의 만남은 상보적이다.

자장면에 짬뽕 국물이 곁들어지면 더 맛있다.

좌뇌형인 사람과 우뇌형인 사람의 만남은 시너지를 발생시킨다.

『성공하는 사람들의 7가지 습관』에서 스티븐 코비는 형태주의 심리학의 전제를 사용해서 시너지라는 개념으로 설명했다. 시너지(synergy)는 원칙 중심적 리더십의 본질이며, 생산적 협조의 원칙이다. 시너지는 사람들이 가지고 있는 가장 큰 힘에 촉매 작용을 하고, 통합하고, 방출시킨다.

"시너지란, 전체가 각 부분들의 합보다 더 크다는 것을 의미한다. 다시 말하면 각 부분들 상호간에 갖는 관계는 전체의 일부분이고, 또 그 자체가 전체의 역할을 한다는 것을 의미한다. 따라서 이것은 한 부분이기도 하지만, 동시에 최대의 촉매 작용을 하고, 최고의 역량이 있으며, 가장 큰 통합을 이룩하게 하는 가장 멋진 부분이다."

시너지의 본질은 차이점을 인정하고 존중하고, 서로의 강점을 활용하고, 나아가 약점에 대해 서로 보완하는 것이다.

사람들간의 정신적, 감정적, 심리적 차이점들을 소중히 여기는 것이 시너지의 본질이다. 그리고 모든 자연이 연결되어 있듯이 인간도 연결되어 있다.

창의적인 사람들은 인간 네트워크를 활용할 줄 안다.

창조자는 유유상종하지 않는다

캘리포니아 소재 멀티미디어 기술 전문 연구 기관인 인터벌 리서치의 책임자인 데이비드 리들은 짧은 안식 휴가 프로그램에서 다양한 분야의 전문가들을 초청하여 문제 해결 방식과 아이디어의 교류를 촉진했다.

같은 깃의 새는 같이 모인다.

초록은 동색이다.

검정개는 돼지 편이다.

생물학적으로도 근친 교배는 열성 인자를 만드는 것처럼 인간관계도 유사한 사람들끼리의 만남은 우성보다는 열성 인자를 만들 가능성이 높다.

구성원들은 동료들과 유사한 교육, 관심거리를 공유하며 모든 사람이 비슷한 사고방식을 갖는다. 모든 의견이 유사한 인지 스크린 과정을 거치기 때문에 보편적이고 유사한 결론이 채택된다.

사람들은 비슷한 사람들끼리 모이는 것을 좋아한다. 서로를 이해하기 쉽고 상대방을 예측하기 쉽기 때문이다. 그래서 기업의 팀 구성이나 친한 친구 관계를 보면 비슷한 사람들이 모인다.

생산성 패러다임의 시대의 인간관계 원리는 유사성의 원리가 지배적이었다. 그래서 갈등을 싫어하고 자신의 방식만을 고집하는 경영자들은 자신과 닮은 특정 유형의 사람들을 채용하고 노력에 대해 보상한다. 그러나 그런 조직은 도로시 레오너드가 말하는 '유유상종 증후군'(comfortable clon syndrome)이라는 함정에 빠지게 된다.

인간 관계나 조직 구성은 개인의 능력과 상황, 기업 풍토에 따라 얼마든지 달라질 수 있다. 그러나 창의적인 사람들은 더 이상 유유상종하는 것을 받아들이지 않는다.

창의적 리더는 사이코그래픽스를 활용한다

창의적인 리더는 철저히 과학적이고 분석적이다. 과학적으로 데이터를 모으고 그것을 바탕으로 경험과 직관을 불어넣어 의사결정을 한다.

창조적 경영자들은 인사, 선발, 배치에 심리검사(창의성, 적성, 인성)를 실시한 사이코그래픽스(심리통계적 자료)와 회사 정책, 비전, 잠재능력, 근무기록, 경력과 같은 데모그래픽스(인구통계적 자료)를 바탕으로 의사결정을 한다.

사람들은 자기를 둘러싼 환경에 어떻게 반응하는가?

사람들의 반응은 어떤 감정에 기초하는가?

이런 물음을 가지고 윌리암 마스톤은 1920년 처음으로 인간의 감정과 행동을 D, I, S, C 4가지 범주로 나누었다. 마스톤은 사람들의 특성을 D형(Directive-주도형), I형(Interactive-사교형), S형(Steady-안정형), C형(Complex-안정형)으로 구분했다. 인간관계의 특성과 직무 관계의 특성을 분석하고, 의사소통, 갈등관리, 의사결정, 문제 해결, 팀 빌딩, 학습 유형 파악 등을 파악하는 데 유용하다.

1972년 칼슨 러닝사(社)는 그의 모델을 더 확장하고 다양한 응용 방법을 개발하여 PPS(Personal Profile System)를 완성했다.

창의적인 리더는 창의성리더십검사, 종합적성검사, 직무종합검사, 종합인성검사, 판매적성검사와 같은 사이코그래픽스를 활용할 줄 안다.

DISC 모델

D형은 현실적, 자발적이고, 모험적이고 정력적이다. 지금 당장 급한 것을 선호하고, 흥분을 잘한다. 과제에 의해 동기부여가 잘 되고, 외향적 성격이며, 좌뇌가 발달한 사람이다.

I형은 개념적, 총체적, 감정 이입적이며, 타인 감정에 공감하는 능력이 뛰어나고, 자기 자신을 이해하고 있으며, 나무보다 숲을 보려고 한다. 그리고 상상력이 풍부한 이상주의자이고, 외향적이며, 표현력이 뛰어난 우뇌가 발달한 사람이다.

S형은 현실적, 반복적인 일을 좋아하며, 주어진 과제를 충실히 수행하고, 명확한 지시를 선호하며, 규칙을 잘 따른다. 봉사 정신이 투철하고, 순서대로 반복적인 일을 선호하며, 숫자 능력 뛰어나고, 논리적이며, 내성적인 성격이고, 좌뇌가 발달한 사람이다.

C형은 개념적, 구체적이고, 머리가 좋은 것처럼 보이며, 신중하고 생각이 많다. 능력을 인정해주길 바라고, 세부적, 비판적, 예술적인 측면이 강하고, 체계적 아이디어 탐색을 선호하며, 내성적이고, 우뇌가 발달한 사람이다.

DISC 모델에 따라 어떤 만남이 사회적 · 사교적으로 좋고, 어떤 만남이 업무 관계로 만나면 좋은지를 알 수 있다.

행동 유형	최상		좋음		보통		미흡	
	1	2	3	4	5	6	7	8
D-D			s		w			
D-I			s			w		
D-S	w					s		
D-C					. w			s
I-I	s							w
I-S	w				s			
I-C			w				s	
S-S	s		w					
S-C	s	w						
C-C	s		w					

* s : 강점(strength)   w : 약점(weakness)

창조자는 창조적 습관에 빠진다

세 살 버릇 여든 간다.
어려서 굽은 나무는 커서도 굽는다.
놀던 계집이 결딴이 나도 엉덩이짓은 남는다.

창의성 패러다임 시대에 습관에 빠진다는 말은 언뜻 모순처럼 들릴 수도 있다. 고정 관념으로 벗어나는 것이 창의적인 것이라고 알고 있는 사람들에게 습관에 빠지라고 하는 것은 무슨 의미인가? 습관은 연습이나 반복에 의하여 형성된다고 하는데, 단 한 번의 경험으로 형성될 수도 있으므로, 반복은 습관 형성의 필수 조건은 못 된다. 그러나 형성된 습관이 정형화되고, 자율화되기 위해서는 역시 반복이 중요한 요인임을 인정하지 않을 수 없다.

생산성 패러다임 시대의 편견과 고정관념이 아닌, 창의성 패러다임 시대의 창의적 사고 습관에 빠지라는 것이다.

창의적 마인드를 계발하는 습관,

창의적 문제 해결 전략,

창의성 아이디어 발상 전략,

창의적 장난감을 가지고 노는 습관을 가지라는 것이다.

창의적이지 못한 벤처는 망한다

한때 벤처 열풍이 거세게 불었던 우리나라.

그러나 일부 벤처기업가들은 금융 사기꾼으로 전락하며 온 사회를 뒤흔들었고, 살아 남은 일부 벤처기업도 과거의 대기업을 답습하고 있다. 잘 나가는 벤처 대표들을 인터뷰한 신문 기사는 우리나라 벤처기업의 단면을 보여준다.

"처음에는 학력과 경력보다는 '튀는' 개성과 아이디어를 중시했다. 그러나 최근에는 '안정형' 의 인재를 선호한다."

"개성과 실력보다는 회사 조직과 조화를 이룰 수 있는 인재를 더 선호한다. 핵심 역량은 이미 확보됐기 때문에 실력을 갖췄더라도 조직에 어울릴 수 없으면 배제한다."

"벤처기업의 채용이 대기업을 닮아가고 있다. 최근 정리되는 기업이 늘어나 우량 벤처기업은 점점 더 까다로운 채용 기준을 적용해 필요한 인력을 뽑고 있다."

벤처기업이 대기업의 구태를 닮아간다면 그 회사는 더 이상 벤처기업이 아니다.

IV 부
창의적 문제해결 과정

창의적 아이디어는 궁박한 상황에서 나온다

창의적인 아이디어의 대부분은 궁박하고 절실할 때 나온다.

시간이 많고 경제적으로 여유가 있을 때 나오는 아이디어는 생명력이 떨어진다.

창의성에서 돈은 베이컨의 말과 같다.

"돈은 좋은 하인이자 나쁜 주인이다."

창의성은, 특히 창의적 문제해결 과정은 비용이 많이 들고 자원이 많이 드는 고급스러운 과정이라고 생각하는 사람들이 많다. 그러나 창의적인 것은 부족한 것으로부터, 필요에 의해서, 부족한 자원을 활용하기 위해 생겨나는 경우가 더 많다.

폴러는 지혜와 돈의 관계를 이렇게 말했다.

"지혜를 얻기 전에 돈을 얻은 자는 돈 주인 노릇을 잠시밖에 하지 못한다."

창의적인 작품을 남기는 예술가들이 경제적으로 풍족한 삶을 산 경우는 드물다. 후세에 남는 작품들은 대개 가난과 절실함의 표현일 경우가 많다.

안전 옷핀을 개발한 월터 헌트는 늘 돈 때문에 시달렸다. 그래서 그는 무엇인가 정말 필요한 것, 몇 시간 내에 스케치할 수 있을 정도로 단순한 무언가를 발명해내야겠다고 마음 먹고 안전 옷핀을 개발했다.

듀크 앨링턴은 작곡을 할 때 악기의 종류와 연주자의 수를 제한해놓았다.

레오나르도 다 빈치는 "작은 방은 마음을 통제한다. 커다란 방은 마음을 흐트러지게 한다"고 했다.

창의적 아이디어는 처음부터 완벽하지 않다

아놀드는 이렇게 말했다.

"모든 미완성을 괴롭게 여기지 말라. 미완성에서 완성에 도달하려 하는 노력이 필요하기 때문에 신이 일부러 인간에게 수많은 미완성을 내려주신 것이다."

자이가르닉은 미완성의 법칙이라는 것을 주장해 자이가르닉 효과라고 불렀다.

"사람들은 미완성을 완성으로 가져가려는 욕구가 있으며, 미완성 과제를 더 오래 기억하는 특성이 있다."

사람들은 종종 창의적 아이디어는 처음부터 완벽하다는 오해를 한다. 그러나 그런 생각이 오히려 창의성을 억압할 수 있다.

창의적인 아이디어는 최초의 아이디어를 바탕으로 일련의 단계를 거쳐 진화하는 것이다. 가령 한 번에 비행기는 날지 않았으며, 지금 컴퓨터의 모습은 수없이 진화해왔다. 창의적인 아이디어와 창조물은 한순간에 운으로 발견되고 만들어지는 것이 아니다.

개인적인 측면에서 창의적 습관을 방해하는 나쁜 습관들이 있다. 이런 습관을 파괴한다면 당신도 창의적인 사람이 될 수 있을 것이다.

첫째, "왜?"라는 질문을 하지 않는 습관이다.

둘째, 어떤 것에 한 가지 기능만을 부여하는 습관이다.

셋째, 창의적인 것은 처음부터 완벽하며 운이 따라주는 것이라고 생각하는 습관이다.

넷째, 창의적인 것은 고급스럽다라고 생각하는 습관이다.

다섯째, 과거에 해오던 방식이 맞다고 생각하는 습관이다.

여섯째, 여러 개의 대안을 찾는 것은 비능률적이라고 생각하는 습관이다.

일곱째, 실패를 두려워하는 부정적 · 회의주의적 습관이다.

창의성은 여러 단계를 거쳐 나타난다

독일의 철학자이자 물리학자인 헬름홀츠는 그의 생일날 자신은 새로운 생각을 얻기 위해 준비기, 부화기, 통찰기 단계를 거친다고 말했다.

창의성은 문제를 새로운 방식으로 해결하여 의도하는 목표에 도달하는 절차, 즉 창의성이 산출되는 과정이 중요하다. 창의적 사고력 및 태도 훈련은 일종의 문제해결 능력을 배양하기 위한 것인데, 일반적인 문제 해결 훈련과 구별되는 점은 특히 확산적 사고를 강조한다는 점이다.

준비기는 모든 방향에서 데이터를 철저히 조사하고, 부화기는 준비기에 해결하지 못한 얽히고설킨 문제에 지쳐 쉬면서 아이디어를 무르익게 하는 단계이고, 마지막 통찰기는 광명이 비추듯이 끝내주는 아이디어가 마치 어떤 영감처럼 별다른 노력 없이 갑작스럽게 떠오르는 단계이다.

헬름홀츠는 "내가 아는 한 아이디어란 내가 지쳤거나 작업 책상 앞에 앉아 있을 때는 절대로 나오지 않는다"고 말하면서 부화기 동안 아이디어가 무르익어 어느 순간 통찰적으로 떠오른다는 것을 강조했다.

🔴 🔴 🔵 ✒️ 창의적 문제해결 과정에 관한 학자들의 견해

1) 헬름홀츠의 이런 주장에 자극을 받은 윌러스(Wallas)와 모쉬 루빈스타인은 준비기(preparation), 부화기(incubation), 통찰기(illumination), 그리고 아이디어의 현실성을 검증하는 단계인 검증기를 추가했다.

2) 패트릭(Patrick, 1935 · 1937 · 1938)은 시인, 화가, 과학자 등에게 윌러스의 사고 단계가 실재함을 확인했다.

3) 찰스 웨이크필드는 『우주의 정복자: 인간의 마음』이라는 책을 집필하면서 창조적 반응이 어떻게 나오는지를 밝혀주는 5단계 사고 방법으로 문제 인식, 문제 정의, 문제와 그것을 둘러싸고 있는 사실적 자료 속으로 들어가기, 표면적 고요 상태, 그리고 마지막으로 폭발 단계를 들었다.

4) 로스만(J. Rossman, 1931)은 질문지법으로 710명의 발명가들의 창의과정을 검토, 분석해서 7단계를 제안했다.

5) 오스본(Osborn, 1953)은 로스만과 윌러스의 사고 과정을 정리해서 7단계의 사고 과정을 제안했다.

6) 스타인(Stein, 1967)은 사고 과정을 가설형성기, 검토기, 검증기 3단계로 정리했다.

7) 토랜스와 마이어즈(Torrance & Myers, 1970)는 [창의적 학습과 교수 방법]에서 가장 대표적으로 널리 사용되는 창의적 문제 해결 모델을 제시했다. 그것은 3과정 6개의 단계로 구성된다.

8) 트레핑거(Treffinger, 1994)는 3과정 6단계 모형을 정리했다.

9) 히긴스(J. Higgins, 1994)는 창의적 문제 해결을 활용한 신경영 운동(The new management)을 벌이고 있는데 문제해결과정(PSP)을 ① 환경분석 ② 문제 인식 ③ 문제 확인 ④ 가설 설정 ⑤ 대안 산출 ⑥ 평가 및 선택 ⑦ 적용 ⑧ 통제 단계로 구분했다.

창의적 문제해결은 요리 과정이다

창의적인 사람들의 특징은 비유와 은유를 적절하게 구사한다. 창의성 책을 저술한 톰 우젝(Tom Wujec)은 창의적 문제 해결 과정을 부엌에서 요리하는 것에 비유해 '창의적 부엌'(creative kitchen)으로 표현했다.

1. 음식 만들 생각(food for thought) - 창조하려는 강한 충동
2. 전채 요리(appetite) - 아이디어에 대한 갈망
3. 재료 모으기(gather) - 아이디어 모으기
4. 재료 다듬기(cut) - 아이디어 분석하기
5. 재료 섞기(mix) - 아이디어 결합하기
6. 요리하기(cook) - 아이디어에 집중하기
7. 양념하기(spice) - 아이디어 윤색하기
8. 맛보기(taste) - 아이디어 평가하기
9. 소화하기(digest) - 아이디어 적용하기

창의적 결과의 평가 기준은 다양하다

어떤 것이 창의적인가?

무엇을 창의적이라고 할 수 있는가?

창의성을 평가하는 기준은 다양한데, 베시머와 트레핑거 (Bsemer & Treffinger, 1981)는 창의적인 결과의 평가 기준을 참신성, 활용성, 정교성으로 꼽았다.

첫째, 참신성(novelty)은 처음 보는 것과 관련된 원조성(germinal), 독특해야 하는 독특성(originality), 다른 방식·형태·분야에 광범위하게 전환될 수 있는 전환성(transformation)으로 평가된다.

둘째, 활용성(resolution)은 현실적으로 널리 활용될 수 있고, 사람들의 욕구 해소의 가치가 높아야 한다. 적합성, 적절성, 논리성, 유용성, 가치성 등이 평가 기준이 된다.

셋째, 정교성(elaboration)은 결과물이 조잡하지 않고 섬세하고 구체적이며 종합적인 성격을 가져야 한다. 매력성, 복잡성, 심미성, 표현성, 유기적 조직성, 숙련성 등이 평가 기준이다.

창의성의 꽃은 독창성이다

독창성(originality)은 창의성의 꽃이다.

흔히 창의성이라고 하면 과거에는 독창성을 의미했었다. 흔히 창의성에서 새롭다, 참신하다는 것으로 우연히 발생하는 것이 아니라 많은 것들 속에서 색다른 것이 튀어나오는 법이다. 그러나 독창성의 모태는 많은 양의 아이디어를 산출하게 하는 능력인 유창성과 아이디어의 적응력을 의미하는 유연성이다.

길포드의 창의성 요인 분석에 바탕을 두고 최근의 창의성 검사 도구나 창의성 사고력 훈련 평가의 기준은 독특성, 유창성, 유연성, 정교성이다.

독창성은 유창성과 유연성으로부터 나오고, 그 결과는 다듬어지고 진화해서 정교성으로 나타난다. 그들은 독립적으로 창의적 가치를 갖지만, 서로 상보적인 관계에 있다.

〈창의적 결과 평가 기준의 4요소〉

1. 독창성(originality): 독특하고, 새롭고, 참신하고, 진기한 것을 산출해내는 능력
2. 유창성(fluency): 정해진 시간 안에 빠르게 많은 아이디어를

산출할 수 있는 다산의 능력

3. 유연성(flexibility): 하나의 아이디어나 형태, 방법 등을 여러
가지로 변형시키는 능력과 변화에 적응하는 능력

4. 정교성(elaboration): 아이디어를 구현하고 구체화하기 위해
필요한 능력

심리학에서 창의성 연구를 주장한 길포드

지능의 구조(SOI) 모델을 제안하고 창의성 연구를 제창한 사람은 미국의
심리학자 길포드(J. P. Guilford)이다. 그는 창의성은 지능의 복합요인설에
서 지능을 구성하는 요인 중의 하나인 '확산적 사고'(divergent thinking
ability)라는 개념이 발전된 결과라고 주장했다. 따라서 창의성 연구의 역사
도 지능구조의 복합요인설을 주장한 길포드의 연구와 길을 같이 한다.

길포드는 1950년부터 10년 동안 410명의 공군사관학생을 대상으로 창
의적 사고와 관련된 일련의 요인분석적 연구를 수행했다.

길포드는 창의성과 관련된 53개의 변수와 1,400개의 상관계수를 얻었고
이를 통하여 창의적 사고와 관련된 다음과 같은 6개의 기본요인을 제시하
였다.

① 문제에 대한 민감성(sensitivity to problem)
② 유창성(fluency)
   연상적 유창성(associative fluency)
   언어적 유창성(word fluency)
   관념의 유창성(ideational fluency)
   표현적 유창성(expressive fluency)
③ 독창성(originality)
   비범함(uncommonness)

원격연합(remoteness)

교묘함(cleverness)

④ 유연성(flexibility)

자발적 유연성(spontaneous flexibility)

적응적 유연성(adaptive flexibility)

⑤ 치밀성(elaboration)

⑥ 재정의성(redefinition)

창의성은 진화한다

'창의성은 진화한다.'

비행기, 컴퓨터, 기차, 자전거, 전화기 등이 발전하려면 점점 더 정교해지고 처음의 엉성한 발상을 구체화, 상세화시켜야 하며 세련되게 미흡하고 모순점을 개선해나가는 정교성이 필요하다.

정교성(elaboration)은 아이디어를 구현하고 구체화하기 위해 필요한 능력이다. 아이디어의 마무리이자 아이디어 구현의 출발이다.

유창성, 유연성으로부터 나온 독창성의 결과는 그러나 여전히 초보적이고 조잡해서 그대로 작품, 문제해결, 상품으로 이어지기 어렵다.

오랜 시간을 두고 더 다듬고 발전시켜야 비로소 쓸 만한 작품, 문제점이 해결된 상품으로 만들어질 수 있다.

창의적 아이디어가 진정한 가치를 얻으려면 노력이 따라야 한다.

에디슨은 이렇게 말했다.

"수고와 노동 없이 구해질 수 있는 것치고 진정 가치 있는 것은 없다."

아이디어를 만들어내는 것도 중요하지만 그것을 행동하는 것
이 더 중요하다.

조로아스터는 실천의 중요성을 이렇게 표현했다.

"정성들여 부지런히 땅에 씨부리는 자가 수천 번 기도하여 얻
은 것보다 더 풍성한 결실을 얻는다."

창의성은 환경의 영향을 받는다

사람의 삶 자체가 그렇듯이 창의성도 환경과 상호작용하며 환경의 영향을 받는다.

과거 인도 정글에서 발견된 늑대소녀 '아말라'와 '카말라'처럼 발달 과정에서 적절한 환경 자극과 발달 과업을 획득하지 못하면 정상적인 두뇌 발달이 이루어지지 않는다.

두뇌 발달에도 결정적인 민감기가 존재한다.

인류학자 몬테규(Montagu)는 '사회가 만들어내는 뇌손상'(sociogenic brain damage)을 주장하며 환경의 중요성을 강조했다.

빈곤과 같은 사회적 경제적 여건이 유해할 때 인간의 두뇌 발달과 창의적 기능이 치명적인 영향을 받는다. 사람에게 충분한 자극을 주지 않는 환경에서 일어나는 심리적 빈곤은 주의 집중력 저하, 학습장애, 사회적응 장애와 같은 '사회 박탈 증후군'(social deprivation syndrome)을 만들어낸다.

발렌타인(Valentine) 부부도 몬테규의 생각을 지지한다.

"사회적 영양 불량은 신체적인 영양 실조와 마찬가지로 구조적으로나 기능적으로 뇌와 정신 발달에 손상을 줄 때가 있다. 이와 같이 사회가 만들어내는 영양 실조는 미국만이 아니라 세계

도처에서 몇 백만의 인간의 뇌에 영향을 주고 있다. 이것은 지금까지 인류가 너무나 주의를 기울이지 않았던 심각한 뇌손상의 한 형태이다. 그것은 대단히 광범위하게 나타나는 역학적(疫學的) 문제이기도 하다."

창의성의 환경적 요인

창의성은 유전적 요인(성숙)과 환경적 요인(학습)의 상호작용에 의해서 결정된다고 할 때, 창의성 역시 개인이 타고난 능력만큼 환경의 영향도 무시할 수 없다. 그뿐만 아니라 창의성은 지적 · 정서적 · 사회적 · 운동 감각적인 여러 부분이 복합적으로 관련되어 있는 고도의 정신과정이기 때문에 오히려 환경의 영향이 더 크다고 볼 수 있다.

첫째, 물리적 환경은 주의집중 환경, 시 · 청각 자극의 차단 또는 집중 장치, 반수면 상태로 명상이나 집중적 사고를 할 수 있는 장치, 교실과 직장의 물리적 환경, 조명, 색채, 작업복 등은 창의성에 영향을 미친다. 가령, 푸른색 계통의 물리적 환경에서는 사람들은 원기가 왕성해지고 아이디어의 산출이 많지만, 핑크색 계통의 물리적 환경에서는 사람들은 조용해지고 아이디어의 산출도 줄어든다.

둘째, 심리적 환경은 지적인 환경과 정서적 환경으로 구분된다. 지적 환경은 자율적 · 발견적 · 탐구적 · 지속적 · 도전적 태도가 고취되는 것, 지각양식에 따라서 언어적 · 형상적 · 상징적 자극 등이다. 정서적 환경은 자아개념과 정서적 안정성 고취, 믿음, 존중, 열린 정보, 비판보다는 지원과 지지, 자긍심, 존엄성, 타인의 수용 등이다. 한편 토랜스(Torrance, 1962)는 위협이나 공포의 제거, 자신감, 자신의 특성에 대한 의식, 지각이나 관념의 개방성, 사회적 연대 의식 등이 심리적 환경으로 중요하다고 주장했다.

셋째, 사회적 또는 상황적 환경은 사람이 어떤 조직이나 상황에 속해 있고, 어떤 사회에서 살고 있는지에 따라 창의성에 영향을 미칠 수 있다. 밴 건디(Van Gundy, 1984)는 외적인 환경, 집단 내적인 환경, 구성원간의 상호 작용의 질적 환경 등을 강조했다. 상황, 주체(개인, 집단), 과제의 특성에 따라 다르고, 리더십, 의사 결정에 참여 정도에 따라 달라진다. 개방적이고 주체적, 자율적이며 민주적인 사회적, 상황적 환경이 창의성에 유익하다.

창의성을 보는 관점도 시대에 따라 변한다

창의성에 대한 관점은 누가, 어떤 시대, 어떤 문화적 특성으로 보느냐에 따라 다양하다.

사실 창의성을 어떤 관점으로 보는가와 같은 질문은 우리에게는 별로 관심이 없는 얘기일 수도 있다. 창의성을 보는 관점은 크게 세 가지이다.

첫째, 철학적 관점이다. 철학적 관점에서 창의성이란, 생각이나 손의 기술, 기능이라기보다는 사람 자체의 특성에서 비롯되는 실존주의자, 현상학자들의 관점이다.

둘째, 사회학적 관점이다. 사회학적 관점에서 창의성이란, 사회학적 관계 속에서 발견·평가되고, 그 가치나 효율성도 사회학적 관계 속에서 받아들여지고 전달된다는 입장이다.

셋째, 심리학적 관점이다. 창의성 관련 개념, 요소, 환경, 사고과정, 인성적 특성과 관련된 연구를 바탕으로 창의성이 다른 지적 능력이나 일반 사고 능력과 구별되는 특성을 가지는 독특한 사고력으로 보는 관점으로 창의성 심리학이나 교육학의 근간이 되었다.

철학적이든, 사회학적이든, 심리학적이든 그것은 별로 중요하지 않다.

창의성은 학문적으로 분석하고 연구하는 것도 중요하지만 실용적인 가치와 일상적인 삶의 방식 속에서 살아 숨쉬는 생명체이자 생활 과학이기 때문이다.

🎵 ℹ️ 🅿️ 🖊️ 창의성에 관한 관점

첫째, 철학적 관점이다. 철학적 관점에서 창의성이란, 생각이나 손의 기술·기능이라기보다는 사람 자체의 특성에서 비롯되는 실존·현상학자들의 견해이다. 인간은 모두 독특한 존재, 존엄, 삶의 방식이나 언어 예술적 표현 방식이 모두 독특하고 창의적이다.

둘째, 사회학적 관점이다. 사회학적 관점에서 창의성이란, 사회학적 관계 속에서 발견·평가되고, 그 가치나 효율성도 사회학적 관계 속에서 받아들여지고 전달된다는 입장이다.

1) 비교 특성적 관점 – 새로운 것은 없고 다만 기존의 생각이나 질서, 산물을 재구성한 것일 뿐, 창의성은 일반 사고력의 한 부분이며, 창의성이란 다른 사람이나 전통적인 것과의 비교 우위 또는 비교 특성이다.
2) 막스주의적 관점 – 특별한 재능이나 소수의 타고난 귀족적 개인의 특수 기질이나 특성이 아니고, 인간 누구에게나 잠재하는 그 시대 사회가 바라는 문제 해결의 방식이며, 보편적이고 학습되는 것이며, 사회·문화의 개선을 위해서 요구되고 성취되는 것으로서 사회 발전의 필요가 빚어내는 역사적 산물이다.

셋째, 심리학적 관점이다. 창의성 관련 개념, 요소, 환경, 사고과정, 인성적 특성 등을 규명했다. 다른 지적 능력이나 일반 사고 능력과 구별되는 특

성을 가지는 독특한 사고력으로 보는 관점으로 창의성 심리학이나 교육학
의 근간이 되었다.

1) 지각론적 관점 - 형태주의 심리학(Gestalt psychology)의 관점으로 문
   제 상황을 어떻게 지각하고 의식하는가가 창의적 사고의 관건이다.
2) 정신분석학적 관점 - 근본적으로 무의식이 지배하는 일종의 법칙적
   현상이다. 환상, 꿈, 잠재의식, 유아 이전의 경험 등이 창의성을 결정
   짓는 주된 변인이다. 가령, 예술작품의 특성은 그 작가의 잠재의식이
   나 성과 깊은 관련이 있다.
3) 독특한 문제 해결력 - 길포드, 토랜스, 드 보노, 오스본 등이 이런 관
   점을 취하고 있다. 누구에게나 잠재하는 문제 해결력 가운데 특히 독
   창성, 유연성, 유창성, 정교성 등을 훈련하면 현저하게 창의성이 증진
   된다는 기술적, 실천적 관점을 가진다. '창의적 문제해결' 모형과 창
   의성 교육의 주류를 이룬다.

창의성은 어린아이의 호기심에서 나온다

빌 게이츠는 『미래로 가는 길』(The road ahead)에서 아이들의 창의성에 대해 이렇게 말했다.

"아이들은 검은 선으로만 그려진 만화 속의 자동차에 크레파스로 색깔을 입히거나 계기판과 안테나를 그려 넣어 멋진 우주선을 만든다. 또 '빨간색 스포츠카는 파란색 승합차나 흰색 승용차보다 먼저 길을 건너갈 수 있다'는 등 자신만의 규칙을 수없이 만들어가며 자동차를 이동시킨다. 이처럼 장난감에 좀 더 많은 기능과 의미를 부여하려는 충동은 아이들을 창조적으로 놀게 하는 원동력이다. 그것은 창의력의 본질이기도 하다."

판도라가 하늘로부터 가져온 상자 속에 무엇이 들어있는가를 보지 않았다면 이 세상은 어떤 모습이었을까?

제우스가 판도라에게 절대로 상자를 열어보지 말라고 했지만 판도라는 그 호기심을 억누르지 못하고 상자를 열고 말았다. 그 용기가 바로 어린아이와 같은 호기심이다.

창의성은 추억 속에서 나온다

파블로 피카소는 그림을 어른의 눈으로, 논리적으로 보는 방식을 바꿔 어린이의 눈으로, 자기 중심적으로 보는 아프리카 원시인들의 그림 방식을 통해 새로운 그림의 지평을 열었다.

인지발달로 유명한 스위스의 심리학자 장 피아제는 창의적인 사람이 되려면 인지발달의 초기로 돌아가야 함을 주장했다.

"만약 당신이 더욱 창조적으로 되려면, 어느 정도는 어린아이처럼 되어야 한다. 어른 사회가 변형시키기 이전의 어린아이가 갖고 있는 창조력과 발명 능력을 가져야 하는 것이다."

문학가 보들레르는 천재란 "어린 시절로 마음대로 돌아갈 수 있는 사람"이라고 했고, 철학자 윌 듀랜트는 "어린아이도 아인슈타인이 자기의 유명한 공식을 발견한 황홀함 못지 않게 우주적 진리에 대해 충분히 알고 있다"고 말했다.

창의성은 성적 호기심에서 나온다

　사람들의 창의성이 왕성하게 발휘되는 3세 무렵은 아이들에게 냉혹한 시기이다. 그 시기를 프로이트는 항문기라고 불렀다.

　사람들은 태어날 때 일정량의 심리성욕적 에너지인 리비도를 가지고 태어나는데, 그 에너지는 구강기, 항문기, 오이디푸스기, 잠복기, 생식기를 거치면서 옮겨다닌다. 리비도 에너지가 배설물을 보유하고 배설하는 데서 쾌감을 느끼는 시기인 두세 살 무렵을 항문기(anal stage)라고 한다. 그 시기의 아이들은 본능적으로 움직이지 못하는 사회적 제지를 최초로 경험하게 되는데, 그것이 바로 배설 훈련이다.

　정신분석을 창시한 오스트리아의 심리학자 프로이트는 어린이의 호기심을 강조한다.

　"미지의 것을 알려고 하는 창의적인 사람의 욕망은 불과 3세 때의 성적인 것에 대한 호기심으로 퇴행하는 것이다. 만약 어린이와 같은 호기심이 좌절되면 사람들은 그것을 억압하거나, 승화시켜서 표현하려고 한다."

◐ ◑ ◒ ◓ ✐ 정신분석의 창시자 프로이트

정신분석을 창시한 프로이트(1856-1939)는 어머니의 영향을 많이 받고 자라 마마 보이 기질을 가지고 있었다.

그는 유럽에서 크림 전쟁이 끝나던 해인 1856년 5월 6일, 지금은 체코슬로바키아의 영토가 된 오스트리아의 프라이베르크 모라비아라는 작은 마을에서 태어났다. 프로이트는 유태인 아버지와 어머니 사이에서 태어난 전형적인 유태인으로 일곱 남매 중 맏이로 태어났다. 프로이트의 아버지 야곱 프로이트는 중년에 아내를 잃고 40세에 20세의 젊은 아말리아 나타존과 결혼했다. 그의 아버지에게는 전처소생의 두 아들이 있었으나 프로이트는 그들과 거의 함께 살지 않았다.

프로이트의 가족은 경제적으로 여유가 없었기 때문에 좁은 아파트에서 살아야만 했다. 그러나 어릴 적부터 우수한 학생이었던 프로이트만은 늘 독방을 사용했고, 다른 식구들이 촛불을 사용할 때도 프로이트는 늘 기름 등잔을 켜놓고 공부했다. 프로이트가 어려서부터 총명해서이기도 했지만, 그의 젊은 어머니가 그가 태어난 직후 어느 노파가 프로이트를 보고 한 예언을 믿고 그를 소중하게 키웠다.

결혼해서 첫 아이를 낳은 젊은 프로이트 어머니가 기쁨에 차 있던 어느 날, 한 노파는 "이 아이는 세계적인 인물이 되겠어"라고 예언을 했다고 한다. 노파의 예언을 들은 프로이트의 어머니는 너무 기뻐 끊임없이 그 말을 입에 올렸고, 자기 자신은 물론 가족들까지 그 예언을 받아들이게 되었다. 그래서인지 프로이트는 그의 저서 『꿈의 해석』에서 "내가 어떤 위대한 사람이 되려고 열망한 것도 어머니와 가족들의 기대 때문일지도 모른다"고 말했다.

프로이트는 인간의 발달 단계를 선천적인 심리성욕적 에너지인 리비도가 어디에 집중되느냐에 따라 구강기(0~2세), 항문기(2~3세), 남근기(4~6세, 여자는 음핵기), 잠복기(7~11세), 성기기(12세 이후)로 구분했다.

창의성은 하루 아침에 이루어지지 않는다

사이코드라마를 창시한 모레노는 어린 시절 아이들과 함께 천사놀이를 하고 있었다. 모레노는 친구들과 의자와 책상을 높이 쌓아올리고 그 위에 올라가 자신이 천사가 된 것처럼 외쳤다.

"나는 천사다."

그러자 친구들이

"천사는 날 수 있어야 돼."

"네가 천사라면 날아 봐"

그러자 모레노는 잠시 멈칫거리다 천사가 된 기분으로 허공을 날았다. 결국 모레노는 팔이 부러지고 다쳤다. 시간이 흘러 정신 의학과 심리학을 공부한 모레노는 자신의 옛날 경험을 되살려 사이코드라마라는 심리 치료 기법을 개발했다. 아이가 된 것처럼 그 상황에 빠져서 세상을 보면 천사도 될 수 있고, 비행기도 될 수 있고, 우주 공간을 여행할 수도 있다.

창의성은 어린 시절의 경험과 기억, 그리고 수많은 시행착오를 거쳐 이루어지는 역사적 과정의 산물이다.

2002년 한국형 로켓을 개발한 채연석은 인터뷰에서 이렇게 말했다.

"창의력은 모방과 끊임없는 노력에서 나옵니다. 천재가 아니어도 얼마나 일찍부터 특정 분야에 관심을 갖고 지속적으로 훈련을 쌓느냐가 훌륭한 업적을 만드는 데 결정적인 역할을 합니다. 연구 성과가 극적으로 묘사된 천재들도 실은 수많은 습작을한 노력이 감춰져 있잖아요."

창의성은 산타클로스의 양말에서 나온다

선천적으로 가지고 있던 창의성이 급격하게 떨어지는 시기가 있다.

그 시기는 바로 우리에게 산타클로스가 사라지는 날이다.

더 이상 우리는 산타클로스를 믿지 않으며 산타클로스가 주는 양말 속 선물 때문에 울고 웃지 않는다. 그리고 우리는 크리스마스를 의식적인 행사로 맞이하기 시작한다.

그 시기는 사람에 따라 다르다. 어떤 아이는 일찍 그것을 알아차릴 수도 있고 어떤 아이는 10살이 넘어서도 그것을 알아차리지 못한다.

그 시기를 기점으로 사람들은 더 이상 ET를 믿지 않는다.

사람들의 상상의 나래는 이카로스의 날개가 태양에 가까워지며 녹는 것처럼 서서히 사라지기 시작한다.

사람들의 사고가 환상지향적 사고에서 사실지향적 사고로 바뀔 때 상상력의 날개는 점차 힘을 잃기 시작한다.

창의성은 성적 욕구의 승화이다

종로에서 뺨 맞고 한강에서 눈 흘기기.

시어머니에게 야단 맞은 며느리가 옆에 있는 강아지 옆구리 걷어차기.

이런 현상은 어떤 대상에 대한 감정이나 에너지가 그 대상을 통해 해소되지 못할 때 다른 대상을 향해서 해소되기 때문에 나타나는 현상이다. 이런 현상을 전위(displacement)라고 한다. 전위의 일종이 승화이다.

승화란 성적 에너지를 본래의 목적으로부터 전위시켜서 사회적으로 바람직한 작품, 예술, 스포츠, 창조물로 표현하는 것이다.

프로이트는 창의성을 성적 욕구의 승화로 설명했다.

승화는 원래 성적인 에너지를 다른 목표를 위하여 그 형태를 바꾸어 나아가는 것이지만, 애정 자체는 여전히 성적인 것이라고 보기 때문이다. 정신분석에 따르면 사람들은 자아를 보호하기 위해 방어기제(defensive mechanism)라는 것을 사용한다. 그중에서도 승화라는 방어기제는 창의성과 관련된다. 승화란 성적 에너지를 본래의 목적으로부터 전위시켜서 사회적으로 바람직한 작품, 예술, 스포츠, 창조물로 표현한다는 생각이다.

ⓣ ⓘ ⓟ ✎ 승화(昇華)와 억압

　자아를 보호하기 위해 사람들은 무의식적으로 방어기제를 사용하는데, 창의성과 관련된 대표적인 방어기제가 승화와 억압이다.

　승화(sublimation), 정신분석학에서 쓰는 말이다. 무의식적인 성적 에너지가 예술적인 활동, 종교적인 활동 등 사회적으로 가치 있는 것으로 바뀌어서 나타나는 것을 말한다. 그러나 성적인 대상을 가지지 못한 여성이 동성애나 동물애에 빠지게 되는 것처럼 사회적인 가치가 없는 것도 있으며, 히스테리(hysteria)에서 볼 수 있는 바와 같이 어떤 신체적인 증상으로 나타나기도 한다.

　그에 비해 억압(repression)이란, 자신이 받아들일 수 없는 성적 상상이나 욕망, 금기로 여기는 어떤 생각이나 충동을 의식으로부터 무의식 속에 가둬 놓는 현상이다.

　호기심이나 성적 욕구가 좌절을 겪으면 사람들은 호기심을 억압하거나 승화시켜서 표현하는데 억압이 불완전하게 나타나기도 한다. 특히 어린아이의 호기심이나 성적 욕구가 억압되거나 불완전하게 억압되면 창의성을 약화시키고, 잘 승화되면 창의성으로 표출된다.

1) 억압 – 본능적·충동적 욕구를 억누르는 매우 강한 사회적 통제에 의해 나타나며, 호기심이 완전히 사라진 것이 아니라 무의식에 억눌려 있는 것이다.
2) 불완전 억압 – 성적 욕구가 완전히 억압되지 않는 사고과정으로 강박적인 방어기제에 의해 처리되어 사람을 불안하게 만든다. 지적 발달이 아주 강한 사람들에게서 나타난다.
3) 승화 – 성적 욕구와 호기심이 창의성으로 승화되어 탐구적 태도로 표출 승화되는 경우로 창의성의 근원이다.

창의성과 신경증의 근원은 백지 한 장 차이이다

원자폭탄을 맞은 머리처럼 머리카락이 솟아있는 아인슈타인,

우울한 모습의 고흐,

한곳을 멍하니 응시하고 있는 칸트,

쿠바 담배를 연신 피워대는 프로이트와 라캉,

부스스한 .머리에 멍한 표정을 짓고 있는 백남준,

게슴츠레한 눈을 하고, 시대에 어울릴 것 같지 않은 옷차림을 하고 있으며, 튀는 헤어스타일을 하고 있고, 시대의 요구에 부합하지 않으려는 냉소적인 모습을 하고 있을 것만 같은 모습, 어딘지 일탈자의 모습을 느끼게 하는 사람,

프로이트는 무의식이 동기(motivation)의 기능을 가진다고 주장함으로써 창의성 연구에 기여했는데, 창의성과 신경증은 유사한 근원을 가지고 있다고 보았다.

창의성과 정신이상은 우리가 의식하지 못하는 어떤 잠재하는 강력한 본능적 충동이나 갈등을 해결하려는 시도이다. 그런 충동이나 시도의 가장 근원적인 힘은 바로 성적 충동이나 욕구이다. 어느 쪽이든 기초적인 생물학적 충동에서 생기는 근원적 욕

구에서 비롯된다.

　신경생리학 연구 결과 창의적인 사람의 뇌의 흥분 영역과 신
경증을 가지고 있는 사람의 뇌의 흥분 영역이 거의 일치한다는
사실이 밝혀졌다.

　창의적인 사람과 사이코는 무엇이 다른가?

　내 귀에 도청기가 달렸다고 주장하는 사람, 환각 속에서 세상
을 지각하는 사람, 이해할 수 없는 그림을 그리고 만족하는 사람
등등.

　창의적인 사람과 사이코는 백지 한 장 차이에 불과하다.

　다만 사회적으로 얼마나 수용되고, 가치를 가지느냐가 중요한
차이일 뿐이다.

창의성은 백일몽을 꾸는 것이다

프로이트는 예술 작품을 백일몽이나 공상의 승화로 표현했다.

"예술 작품은 백일몽이며, 현실에 불만을 가진 사람이 공상이나 백일몽을 즐긴다. 이루어질 수 없는 현실적 소망은 공상을 지배하는 힘이고, 하나 하나의 공상은 이루어질 수 없는 소망의 성취를 가능하게 하므로 불만족한 현실을 승화시켜 준다."

"시 예술의 본질은 현실적 혐오감을 극복하는 기술에 있다. 작자는 변형이나 위장에 의해서 백일몽이 가지는 자기 중심적 성질을 부드럽게 해서, 그의 공상을 표출하여 순수한 미적 쾌감을 준다."

그러나 모든 백일몽이나 공상이 창의적 작품으로 나타나는 것은 아니다. 창의성은 끊임없는 노력과 실천력이 뒷받침되어야 한다. 아이디어만 좋다고 해서 그 아이디가 창의적인 가치를 갖는 것은 아니다.

창의성은 아이디어와 실천력이 함께할 때 비로소 완성되는 것이다.

ⓣⓘⓟ 🖋 심리학자들이 보는 창의성

모든 정신분석학자들이 창의성의 근원적 힘을 성적 에너지의 승화라고 본 것은 아니다.

프로이트와는 달리 에른스트 크리스(E. Kris, 1952)는 의식을 강조했다. 무의식의 동기화라는 관점으로 창의성을 연구하지 않았다. 그는 '무의식의 의식적 사용'을 강조하며, 무의식을 의식적으로 사용하는 것을 "자아에게 봉사하는 퇴행이다"라고 주장했다.

그리고 로렌스 큐비(R. Kubie, 1958)는 전의식을 강조했다.

창의성을 '전의식의 산물'로 보았다. 의식은 상징 기능의 경직된 사용으로 창의 과정을 방해하고, 무의식은 의식이 더욱 경직되어 있는 것이기 때문에 창의 과정을 방해한다. 그러므로 창의성은 전의식의 산물이라고 주장했다.

사회성 발달 이론으로 유명한 에릭슨(Erikson, 1968)은 버나드 쇼와 윌리엄 제임스의 부모 관계 갈등과 창의적 생애에 관해 연구하며, 부모와의 관계, 정체감 형성이 창의성에 영향을 미친다고 주장했다.

학자마다 창의성의 근원적인 힘이 무엇인지에 관한 관점이 다른 것이다. 창의성의 근원적인 힘이 무의식이든, 전의식이든, 의식이든 인간의 내면으로부터 발현되는 것을 부인하지는 않는다.

창의성은 집단무의식의 표현이다

창의적 과정이란 바로 집단무의식의 기본 단위인 '원형의 무의식적 활성화'(unconsciousness animation of the archetype)이다.

스위스의 분석심리학자 융은 집단무의식을 강조했다.

집단무의식은 몇 세대에 걸쳐 되풀이되어 온 원시적 경험이 누적되어 결정된 원형(archetype)의 창고이며, 원형은 인간의 의식적 이해를 뛰어넘는다. 원형은 악마적일 수도 있고, 기괴하고, 천재적이고 창의적일 수도 있다.

융은 프로이트와 달리 인간의 심리를 개인적인 경험과 성적인 것으로만 해석하지 않았다. 융은 인간의 심리를 이해하기 위해 사회, 문화, 예술적인 측면과 집단무의식을 강조했다.

창의적인 사람은 원형 그대로 자신을 표출하며, 환상과 함께 독특한 표현 형태를 낳고, 작가는 의도적으로 무엇인가를 첨가하려는 힘이 약하다. 작가가 받아들이려 하지 않는 내면의 그 어떤 힘이 오히려 그를 압도하기 때문이다.

창조하는 사람은 제3의 의지를 느끼고, 계속적으로 분출되는 '자동적인 콤플렉스'(autonomous complex)를 드러내며, 신경증적 콤플렉스와 같이 제멋대로 표출하는, 자기 의식의 통제로부터 분리된 자기 본래 마음의 일부이다. 그 심리적 에너지는 인위적 의식적인 통제에서 벗어나 있다.

융과 집단무의식

프로이트의 제자이자 분석심리학이란 새로운 지평을 연 스위스의 심리학자 칼 융(K. Jung)은 인간의 정신 세계를 개인 수준에서 집단 수준으로 확장했다. 그는 인간의 자아(Ego)를 중심으로 개인 무의식이 존재하며, 그 개인 무의식을 둘러싸고 있는 무의식이 집단 무의식이라고 주장했다.

집단무의식은 인류의 몇 세대에 걸쳐 되풀이되어 온 시원적 경험으로 집단무의식을 이루는 기본 단위는 원형(archetype)이다. 원형의 종류에는 가면을 쓰고 있는 페르조나(persona), 악마적인 속성인 그림자(shadow), 남자 속의 여성적 특성인 아니마(anima), 여자 속의 남성적 특성인 아니무스(animus), 그리고 그런 특성들을 통합시키는 자기(self)가 있다.

융은 미적 과정의 창의성 연구를 수행하면서, 미술에서 창의성 과정은 심리형태와 환상형태 2개 방식으로 일어난다고 해석했다.

첫째, 심리형태의 형식으로 나타난다. 창조물의 내용이 인간 의식의 영역으로부터 발생하므로 심리적 '이해'의 테두리를 벗어나지 않는다. 가령, 애정, 가족, 환경, 사회, 범죄, 인간 운명 등이다.

둘째, 환상형태의 형식으로 나타난다. 환상예술의 내용은 인생의 경험으로부터 발생하는 것이 아니고, 오랜 시간을 초월한 의식의 심연 즉 '집단무의식'으로부터 발생한다. 집단무의식은 몇 세대에 걸쳐 되풀이되어 온 원시적 경험이 누적되어 결정된 원형(archetype)의 창고이며, 원형은 인간의 의식적 이해를 뛰어넘는다. 원형은 악마적일 수도 있고, 기괴하고, 천재적이고 창의적일 수도 있다.

창의성의 근원은 부모이다

정신분석가 안소니 스토(A. Stoe, 1972)는 억제된 욕구, 좌절된 갈등과 같은 동기화에 의한 창의성 연구는 한계가 있다고 보았다.

대부분의 아이들은 레오나르도 다 빈치 같은 갈등을 경험하지만 누구나 위대한 예술가가 되지는 않는다.

그렇다면 누가 레오나르도 다 빈치가 되고 누가 되지 않는 것인가? 사람들에게 창의적 동기는 어떻게 나타나는가?

부모가 창의성을 자극하는 것이고, 부모가 창의성의 근원이다.

아리에티와 쟝 폴 웨버(Arietie, 1948; J. P. Weber, 1962)는 어린 시절의 체험, 즉 어머니의 동기화가 큰 힘을 발휘하는 것이라고 주장했다.

무의식이 아니라 의지나 의식이 동기화의 원천이 된다는 주장이다. 이런 주장을 반(反) 정신분석학 내지 신(新) 정신분석학이라고 한다.

신정신분석학은 인간의 행동과 심리가 무의식적이고 성적인 것에 의해 이루어진다는 입장을 벗어나 인간의 의식적, 사회적, 문화적 특성을 강조했다.

〈창의성 동기화에 영향을 미치는 요인〉

1. 부모 - 어린 시절의 체험, 즉 어머니의 동기화가 큰 힘을 발휘한다.

2. 사회적 교감 - 형제나 친구, 친지들과의 사회적 정서적 교감에서 일어나는 동기화도 있고, 어떤 상상의 인물이나 실재하는 어떤 인물을 이상화하고 존경하면서 영향을 받을 수도 있다. 그러면서 사회적, 심리적, 정서적, 인지적으로 성장하고 인생과 사회의 의미를 터득하기도 한다.

3. 상상력 - 상상력이 풍부한 사람은 보통 사람보다 더 성취지향적이고, 탐구, 창의성에서 뛰어난 업적을 가져다준다.

창의성은 상상력으로부터 나온다

상상력이 창의적 동기를 자극한다.

상상력이 풍부한 사람은 보통 사람보다 더 성취 지향적이고, 탐구적이다. 그리고 창의성에서 뛰어난 업적을 남긴다. 자기다움과 새로움의 추구가 창의적인 사람들의 강한 내적 욕구이고, 내재적 동기화가 되며, 그것이 이루어지지 않으면 불안해지고, 우울증에 빠질 수도 있다.

현실을 현실로 보지 않고 상상력을 통해서 보는 단테의 베아트리체에 대한 사랑은 마치 강박적 정신분열증처럼 보인다.

단테는 베아트리체를 단지 3번밖에 보지 않았다. 3번의 교류밖에 없는 우연한 만남은 단테로 하여금 『신생』과 『신곡』을 창작하는 동기가 되었다. 단테는 베아트리체를 신이요, 그리스도요, 신의 딸이라고 보았다. 단테는 베아트리체와의 관계에서 '9'라는 숫자에 집착했다. 처음 만남은 9살, 재회한 것은 그로부터 9년 후 어느 날 9시, 베아트리체의 죽음을 예언하는 환상에서도 9라는 숫자가 자주 등장한다. 베아트리체에 대한 다소 강박적인 상상력은 단테의 창의성에 자극을 주었던 것이다.

성공적인 창조자는 유아 기억이 또렷하다

인지발달심리학적인 입장을 가지고 있으면서 인간의 지능을 7개(최근에는 9개)로 구분한 가드너(H. Gardner)는 창의적인 사람들을 연구했다.

가드너는 개인 내적인 지능이 우수한 지그문트 프로이트, 논리수학적 지능이 우수한 앨버트 아인슈타인, 공간 지능이 우수한 파블로 피카소, 음악 지능이 우수한 이고르 스트라빈스키, 언어 지능이 우수한 티 에스 엘리엇, 신체 운동과 지각 지능이 뛰어난 마르타 그라함, 대인관계 지능이 우수한 마하트마 간디와 같은 사람을 연구했다.

가드너는 그들을 성공적인 창조자라고 분류했다.

그렇다면 가드너가 말하는 창의적인 사람들은 어떤 사람들이었나?

"그들은 사회 권력이나 지위에서 다소 떨어져 있는 가정 출신이었으며, 가족들은 매우 교육을 중시했지만 실제로 그런 교육을 받은 것은 아니었다. 경제적으로 넉넉하지는 않았지만 그다지 부족하지도 않았으며, 청년기에 대도시로 나와 사회적 관계를 맺었다. 그리고 자신감, 고집스러움, 열정적인 업무 스타일을 가지고 있었다. 그들은 자신이나 남에게 엄청난 에너지와 헌신, 높은 수준의 기대를 가지고 있지만 도덕적인 것하고는 별로 상관이 없었다. 이기주의, 자기중심, 타인을 이용하는 것과 같은 행동으로 아주 다루기 어려운 사람들이었다.

특히 아동기, 심지어 유아기의 경험과 기억이 그들에게 중요한 영향을 미치고 있었다. 그들은 유아기적인 사고 과정을 많이 가지고 있었을 뿐만 아니라 보통 사람이라면 이미 새까맣게 잊어버렸을 만한 과거의 특정 사건을 구체적인 경험을 계속하여 생각하고 있는 경우가 많았다.

부모의 기대가 창의성을 키운다

"부모님은 내가 뭘 하든 항상 웃고 좋아하셨으며 연예계로 나 간다고 할 때도 굉장히 자랑스럽게 생각했다."(전유성, 개그맨)

"어머니는 내가 학교에 가기 싫다고 하면 담임 선생님에게 내 가 아파서 학교에 가지 못한다고 전화를 해주셨다. 어머니는 억 지로 나를 학교에 보내기보다는 나의 선택을 존중해주셨다."(스 티븐 스필버그, 영화감독)

프로이트는 그의 저서 『꿈의 해석』에서 "내가 어떤 위대한 사 람이 되려고 열망한 것도 어머니와 가족들의 기대 때문일지도 모른다"고 말했다.

프로이트의 어머니는 1930년 95세를 일기로 세상을 떠나기 전 까지 언제나 프로이트 곁에서 프로이트를 격려하는 힘이 되어 주었고, 늙어 백발이 된 프로이트를 늘 "나의 보배 지키"(프로이 트의 애칭)라고 불렀다.

프로이트는 훗날 어머니에게서 받은 그런 깊은 사랑과 믿음이 자신의 학문과 생활에 강한 힘이 되었다는 사실을 인정했다.

🔴🔵🟡 ✎ 창의적인 사람들이 기억하는 부모님

"요즘 뉴욕과 서울에서 열리고 있는 전시회에 대한 느낌은, 마치 초등학교 시절 1등 성적표를 갖고 집에 가면 어머니가 칭찬과 함께 눈깔 사탕을 주시곤 했다. 딱 그 기분이다."(백남준, 테크노 아티스트)

"넌 뭐든지 할 수 있다"고 격려하면서 뭔가를 이루어내면 매우 좋아하시던 아버지. 어떤 조그만 일이라도 해내면 기뻐하실 아버지의 모습이 떠올라 열심히 공부했지요.(이혜원, 미국 제퍼슨 의대 교수)

학교 다닐 때 같이 말썽피우던 친구들은 모두 부모들이 포기했는데 나의 부모님은 "네가 그러는 것은 한때의 실수이고 언제든 다시 시작할 수 있다"며 용기를 북돋워주었다.(박광수, 만화가)

창의성은 억지로 나오지 않는다

세계 최대의 특송 회사인 미국의 페덱스 회장 데이비드 브론젝은 사람의 마음에 따라 도전과 성패의 99%가 결정된다고 주장했다. 그는 현지에 지사장을 보낼 때 현지를 마음속으로 존경하고 사랑하는지부터 시험한다. 현지 언어도 모르고, 현지 음식도 싫어하고, 현지에서 지내는 것을 괴로워하는 직원은 지위 고하를 막론하고 즉각 소환한다. 그리고 그곳을 이해하고 사랑하는 사람이나 현지인으로 대체한다.

브론젝에 따르면 한국 지사장인 아레나는 한국말도 잘하고 한국 음식을 누구보다 좋아한다. 그는 한국에 있는 것이 너무 재미있다고 한다.

살다보면 하기 싫은 일도 조직 구조상, 역할 때문에, 체면 때문에, 부탁 때문에 해야 할 때가 있다.

그런 모든 것을 거부하고 자신이 사랑하고 즐기면서 용솟음치는 열정을 가지고 할 만한 일을 할 수는 없는가? 그렇다면 당신은 창조자가 될 수 없다.

사람은 창조하려는 동기를 가지고 태어난다

사람은 선천적으로 창의성을 가지고 태어나는가?

인간은 태어나면서부터 두 가지의 기본적인 동기를 가지고 태어난다.

하나는 개체와 종족을 보존하기 위한 생존적인 삶(life)을 유지하려는 동기이고, 다른 하나는 새롭고 창의적인 삶을 즐기고 개척하고 창조하려는 동기이다.

인본주의 심리학자들은 두 가지의 기본적인 동기는 본능적인 욕구(instinctive needs)라고 보았다. 이러한 본능적인 욕구들은 사람들이 성장하고 발달하도록 자극하며, 우리 자신을 완성시킨다고 주장했다. 이러한 욕구들은 사람들이 되고자 하는 인간이 되도록 동기를 유발시킨다.

사람들은 자유 의지(free will)를 가지고 있는 자유로운 행위자(free agent)이다. 그러나 상황에 따라, 개인에 따라 자유 의지는 억압되어 버릴 수도 있고 창의적인 힘으로 작용해서 창조적인 삶의 원동력이 될 수도 있다. 인간은 창의성을 타고나는 것은 아니지만 창의적으로 살려고 하는 동기를 가지고 태어난다. 그런 동기가 후천적인 환경과 상호작용해서 창의성으로 나타난다.

매슬로의 자기실현욕구와 메타욕구

매슬로의 인본주의 심리학은 프로이트의 정신분석, 왓슨의 행동주의에 반발해서 등장한 심리학의 제3세력이다.

기존 심리학의 인간관을 뒤바꾸어 놓은 매슬로(Abraham Maslow)는 1908년 4월 1일 미국 뉴욕의 브루클린에서 태어나 1970년 6월 8일 심장마비로 세상을 떠났다.

그는 인간의 동기를 욕구 강도에 따라 강한 것에서 약한 것으로 구분하여 욕구 위계를 만들었다. 생리적 욕구, 안전의 욕구, 사랑과 소속감의 욕구, 자존감의 욕구, 그리고 마지막으로 자기실현의 욕구가 그것이다.

사람들은 보편적이고 선천적인 이 욕구 위계에 따라 동기가 유발되는 것이다. 매슬로는 인간의 동기를 사다리에 비유하면서 사다리를 오르기 위해서는 밑의 계단을 밟고 올라가야 하듯이 밑의 동기가 충족되어야만 상위의 동기가 발생한다고 주장했다. 최상의 동기를 달성하는 사람은 극히 드물지만, 모든 사람들은 선천적으로 상위의 동기, 즉 자기 실현의 동기를 가지고 있다는 것이다.

자기 실현(self-actualization)이란, 자기 완성의 욕구이며, 인간이 다다르고자 하는 최고의 단계이다. 이 단계에 이르면, 사람들은 사리 사욕에 얽매이는 삶을 초월하고, 인류애적인 삶을 추구하기 시작한다. 자신의 생각과 행동은 세상의 정의에서 벗어나지 않는다.

이러한 자기 완성의 욕구와 세상을 알고 이해하고자 하는 욕구를 합쳐 매슬로는 삶을 유지하기 위해 발버둥치고, 자존심을 유지하기 위해 애쓰는 저차원적인 동기를 초월해서 존재하는 욕구이기 때문에 메타 욕구(meta need)라고 불렀다.

창의성은 플러스 발상에서 나온다

『뇌내 혁명』의 저자 하루야마 시게오는 사람들이 플러스 발상을 하면 뇌에서 베타 엔돌핀(endorphin)이 분비되고, 뇌파가 알파파로 바뀐다고 주장했다.

플러스 발상으로 나타나는 뇌내 모르핀인 엔도르핀과 알파 파는 기억력을 향상시키고, 인간관계를 원만하게 유지하도록 하고, 미래에 대한 긍정적 비전이나 인내력 및 창조적 사고에도 영향을 미친다. 긍정적으로 받아들이면 정신적 스트레스를 해소시켜 주는 베타 엔도르핀과 신체적 스트레스를 해소시키는 부신피질이 분비되지만, 부정적으로 사고하면 신기하게도 베타 엔도르핀이나 부신피질이 전혀 다른 물질로 변한다.

노르아드레날린과 아드레날린이 바로 그것인데, 이 물질 자체도 독성 물질이지만, 이 물질로 인해 더욱 강한 독성 물질인 활성 산소가 발생한다. 그럼에도 불구하고 사람들은 마이너스 발상에 빠진다. 긍정적 발상은 스트레스를 감소시키고 사람들의 건강은 물론 창의적 삶의 활력소가 된다. 플러스 발상은 바로 뇌의 젊음을 유지시켜 주는 엔도르핀 분비를 촉진시키고 인간의 노화와 질병을 예방해준다. 뿐만 아니라 뇌의 혈액 순환을 원활하게 함으로써 창의성의 생리적 조건을 만들어준다.

통계적으로 긍정적으로 사고하려고 의식적으로 노력하지 않는 한 70~80%는 마이너스 발상을 한다.

나는 과연 플러스 발상을 하는 사람에 속해 있는가?

하루야마 시게오와 창의적 발상법

『뇌내 혁명』의 저자 하루야마 시게오는 사람들이 건강하기 살기 위해서는 '식사'와 '운동', 그리고 '명상'이 중요하다고 주장했다.

건강하게 생활하려면, 식사는 고단백·저칼로리가 중요하고, 운동은 근육을 붙이고 지방을 없애는 데 주력해야 하며, 명상은 플러스 발상을 해야 한다. 플러스 발상이란 모든 것을 긍정적·발전적으로 생각하는 것을 말한다.

사람들은 화를 내거나 강한 스트레스를 받으면 뇌에서 강력한 혈압 상승제 역할을 하는 신경전달 물질인 노르아드레날린이라는 물질이 분비된다. 이 물질은 호르몬의 일종으로 매우 독한 독성을 가지고 있다. 자연계에서는 뱀 다음으로 독성이 강하다고 한다. 혈관이 수축되면 혈압이 오르고 혈액 흐름에 장해가 일어난다. 뇌에 있는 굵은 혈관이 막히면 뇌경색을, 가는 혈관이 막히면 기억 상실 및 치매 현상을 일으키게 된다.

그러나 뇌내 모르핀(아편)인 엔도르핀은 수축된 혈관을 원상태로 되돌리고 혈액의 흐름을 순조롭게 도와주는 역할을 한다. 베타 엔도르핀은 면역력을 높여주고, 세균에 의해 감염된 질병이나 바이러스의 면역 세포를 강하게 만들어 치유하며, 암과 에이즈와 같은 병에도 강한 저항력을 발휘한다.

스트레스를 받더라도 긍정적으로 생각하고, 받아들이면 뇌의 단백질이 부신피질 호르몬과 베타 엔도르핀으로 분해된다. 부신피질 호르몬은 육체적인 스트레스를 완화시키키는 역할을 담당하고, 베타 엔도르핀은 정신적 스트레스를 해소하는 작용을 한다.

창의성은 알파(∝) 파일 때 나온다

철학자 칸트는 매일 아침 같은 시간에 담요를 일정한 모양으로 정리해놓고 창밖으로 보이는 첨탑을 바라보았다.

루디야드 키플링은 오로지 흑요석 검은 잉크만으로 글을 썼다.

찰스 디킨스는 지구의 자기장이 그를 활성화시킨다고 믿었고, 침대도 북쪽으로 향하게 했다.

창의적 아이디어 발상과 관련된 뇌파는 알파(∝) 파이다.

사람들의 뇌파는 알파 파, 베타 파, 감마 파, 세타 파로 구성되어 있다.

스트레스를 받으면 사람들의 뇌는 베타 파가 지배적이고, 편안하고 이완된 상태에서는 알파 파가 활동한다. 그리고 수면 상태에서 감마와 세타 파가 움직인다.

창의성과 관련된 뇌파는 주로 알파 파이다.

알파 파는 우리가 잠들기 직전의 편안한 상태에서 나타나는 8~13Hz 정도의 뇌파로, 선이나 요가·집중력 훈련을 통해 만들어낼 수 있다. 사람들이 어떤 일을 해결하려고 집중하고 스트레스를 받는 자료 수집과 분석 단계에서는 번뜩이는 아이디어가 잘 나오지 않는다. 그 단계에는 주로 베타 파가 지배적이기 때문이다. 베타 파는 주로 스트레스와 관련되며, 아드레날린과 연관되어 있다.

그래서 창의적인 사람들은 빈둥거리는 시간을 많이 갖는다.

이 시기가 바로 월래스의 창의적 문제 해결 단계에서 부화기(incubation)에 해당된다. 닭이 병아리를 부화하기 위해 알을 품고 있는 것처럼 탄생을 위한 준비를 하는 셈이다.

아이디어는 쉴 때 나온다

롤로 메이는 영감이란 열심히 일한 후에 자유롭게 쉬는 동안 자극 받은 무의식 속의 자료들로부터 나온다고 말했다.

창의적 문제를 해결하려고 준비기를 거친 사람들은 이런 저런 고민을 하다가 부화기라고 하는 휴식기를 갖는다. 사람에 따라 다르지만 사람들은 휴식 시간에 커피를 마시거나 산보를 하고, 화장실을 가거나 낮잠을 자기도 하고 사우나를 즐기기도 한다.

그렇게 일에서 벗어나 있는 순간 갑자기 아이디어가 떠오른다.

아르키메데스의 '유레카'(Eureka, 알았다) 경험이 이루어지는 순간도 그랬다.

목욕탕에 들어갔을 때 물이 넘치는 것을 보고 금속의 측정에 금속물 대신 물의 이동량을 대치함으로써 아이디어를 바꾸어 통찰을 얻어낸 것이다.

"내 몸이 들어가면 수면이 올라온다. 물의 변화량은 들어간 물체와 같은 체적이다. 물 속에 왕관을 집어넣고 물이 얼마나 넘쳐흐르는가를 재어보면 왕관의 부피를 알 수 있다. 그 물의 양을 금의 비중으로 곱하면 그 금관이 가짜인지 진짜인지를 알 수 있다."

형태주의 심리학자 쾰러는 이렇게 아이디어를 얻는 '아하, 경험'을 '통찰 학습'(insight learning)이라고 불렀고, 월래스는 조명이 확 들어오는 것과 같은 이런 과정을 창의적 문제 해결의 3단계 조명기(illumination)라고 불렀다. 그리고 필립 골드버그는 『바빈스키 반사』에서 이런 현상을 '유레카 효과'(Eureka effect)라고 명명했다.

창의성은 가치 평가를 유보한다

역사학자 칼리레는 '역사는 소수 영웅의 역사이다'라고 말하며, 질적으로 우수한 소수의 사람이 지배하는 사회를 강조했다.

질을 결정하는 것은 비용, 시간, 카리스마, 대중적 인기, 속도, 크기와 같은 것들이다. 그러나 창의성 패러다임의 가치는 질적인 것보다는 양적인 것을 강조한다. 생산성 패러다임의 시대에는 창의성도 '독특성', '신기성'과 같은 측면만을 강조했다. 사실 '독특성은 창의성의 꽃'이라고 불릴 정도로 창의성에서 중요한 요소이지만, 독특성이라는 질만 따지다보면 독특한 것은 머리속에서 사라지고 말 것이다.

광고기획자였던 앨릭스 오스본(Alex Osborn)의 아이디어 기법인 '브레인스토밍', '브레인라이팅' 기법, 오스본의 브레인스토밍을 발전시킨 에벌리(Eberle)의 'SCAMPER' 전략 등은 모두 질보다는 양을 강조하는 아이디어 발상법이다.

오스본이 주창한 창의성 패러다임의 아이디어 발상 원리는 두 가지이다.

첫째, 판단을 유보하라.

둘째, 양이 질을 낳는다.

창의적 아이디어를 만드는 4S

케플러의 법칙을 발견한 케플러는 목성의 궤도를 계산해서 행성들의 경로가 원형이 아니라 타원형으로 되어 있다는 결론을 얻기 위해 9년에 걸쳐 깨알 같은 글씨로 2절지에 무려 9천 장이나 계산했다.

레이 브래드버리는 10년 동안 한 주도 빠짐없이 적어도 단편소설 한 편씩을 썼다.

오스본은 그의 저서 『당신의 창의력』(Your Creative Power, 1948)에서 창의적 아이디어를 만드는 네 가지 규칙을 제안했다.

첫째, 다른 사람의 아이디어를 지지하라(Support).

제시한 아이디어의 평가는 유보한다. 그래서 어떠한 아이디어가 제시되더라도 이를 비판하지 않는다. 평가는 발상을 저해하며, 또 다른 그럴듯한 대안의 단서가 될 수 있는 아이디어조차도 성급히 버릴 수 있기 때문이다.

둘째, 엉뚱하고 어리석은 아이디어를 내라(Silly).

아이디어는 거칠고 자유분방할수록 좋다. 무모해보이고 엉뚱한 것일수록 좀 더 참신한 것일 수 있다.

셋째, 빨리 많은 아이디어를 내라(Speed).

아이디어의 수는 많을수록 좋다. 질에 관계없이 가능한 많은 아이디어를 내놓도록 격려한다. 아이디어가 많을수록 유용한 아이디어가 나올 확률은 커진다.

넷째, 다른 사람의 아이디어와 조합해서 시너지를 발생시켜라 (Synergy).

다른 사람들이 제안한 아이디어를 조합해서 또 다른 것을 만들어낼 수 있다.

창의적 문제해결 과정은 재미있다

창의적인 사람들의 말과 행동은 그렇지 않은 사람들과 다르다.

창의적인 사람들은 문제와 과제를 해결하려고 할 때 한 가지 답만을 찾지 않고 여러 가지 가능한 답들을 찾는다. 그리고 창의적인 사람들은 문제를 해결하는 과정을 재미있어 하며 아이디어를 가지고 장난을 치기도 한다.

창의적인 사람들이 문제 해결을 할 때 나타내는 말과 행동들은 무엇일까?

여러 가지의 가능한 정답들을 찾는다.

문제 해결하는 것을 재미있어 하며 아이디어를 가지고 장난을 한다.

실수란 창의적 과정에서 생길 수 있는 자연스러운 부산물로 받아들인다.

문제에 매달려 지치면 의도적으로 휴식을 갖는다.

여러 출처로부터 정보를 얻는다.

여러 가능성을 보여줄 수 있는 하나의 출처로 유머 감각을 사용한다.

피드백을 감사하는 마음으로 받아들인다.

엉뚱한 질문도 쉽게 한다.

계획, 제품, 서비스 등 모든 것에서 어떻게 더 개선할 수 있을지를 살핀다.

아이디어 수첩을 준비하거나 녹음기를 준비하고, 좋은 아이디어라고 생각되는 것을 모두 기록한다.

🎯 창의성을 죽이는 30가지 말

톰 우젝은 『다섯 개의 별』이라는 책에서 창의성을 죽이는 30가지 말을 예로 들고 있다.

1. "일이 너무 많아."
2. "해본 일이 아닌데."
3. "보트를 흔들지 마라."
4. "꿈 깨라. 꿈에서 깨어나 현실을 보라."
5. "이미 전에 시도했던 거잖아."
6. "좋은 지적이군. 하지만…"
7. "너무 비싸군."
8. "너나 잘 해."
9. "시간 없네 그려."
10. "좋은 아이디어. 하지만 가능할까?"
11. "사람들이 그것을 살까?"
12. "네가 상관할 바가 아냐."
13. "결코 그 회사를 따라잡지 못할걸."
14. "당신은 그 한계를 벗어날 수 없어."

15. "예산이 부족해."

16. "그대로 있어."

17. "너무 앞서나가고 있군."

18. "너무 진보적이잖아."

19. "그것만으로 수지가 맞을까?"

20. "늙은 개에게 새로운 기술을 가르칠 수 없어."

21. "일할 수 없어."

22. "그 아이디어는 다음으로 미뤄."

23. "우리는 늘 그렇게 해왔어."

24. "너무 너무 힘들어."

25. "경영이 문제라니까."

26. "몽상가가 되지 말라니까."

27. "정말 미치겠군. 또 그 아이디어야."

28. "우리는 웃음거리 얼간이가 될 거라구."

29. "그것은 어디서 조사한 거야?"

30. "전에는 그것 없이도 잘 살았다네."

창의성은 기록으로부터 나온다

어떤 사람들은 기록과 메모를 습관적으로 하고, 아이디어 회의를 즐긴다. 그러나 어떤 사람들은 강의나 회의 시간에 메모도 하지 않고 지나치게 경직되어 있다.

창의적인 사람들은 노트 필기를 하는 방법도 다르다.

마인드 맵핑은 아이디어를 만들어낼 때 흔히 메모지에 낙서를 하는 것에서 착안하여 만들어졌다. 사람들의 습성을 관찰한 결과 이루어진 창조인 셈이다. 마인드 맵핑은 하나의 아이디어는 어떤 주제나 단서로부터 출발해서, 여러 방향, 여러 발전 경로를 거쳐서 비로소 참신하고 쓸 만한 아이디어로 만들어진다는 기본 전제를 가지고 있다.

영국의 〈학습방법 연구그룹〉의 토니 부잔(Tony Buzan, 1995)이 개발한 창의적 사고 기법인 마인드 맵(mindmap), 즉 심상도법(心象圖法)은 한 줄씩 차례대로 써 내려가는 전통적인 '직선적 노트하기'나 '개요 만들기'(outlining)를 대신하는 새로운 아이디어 노트법이라고 할 수 있다. 마인드 맵을 만드는 과정을 마인드맵핑 (mindmapping)이라고 한다.

마인드 맵핑의 원리는 브레인스토밍의 원리와 같다.

① 판단을 유보하고 떠오르는 아이디어를 모두 기록한다.
② 분석은 나중에 하고 우선 양적으로 많은 아이디어를 만든다.
③ 아이디어는 다시 다른 아이디어들과 결합시킨다.

창의성은 타성에 젖을 때 사라진다

벤처기업에 쏟아진 돈벼락은 많은 창의적 벤처가들을 퇴색시켰다.

하루 아침에 백만 장자가 된 사람들은 더 이상 삶의 질에 대해 말하지 않는다. 실리콘 앨리의 브라이언은 실리콘 앨리에서 성공한 사이비 벤처 기업가들의 성공을 이렇게 진단했다.

일단 자기 회사를 만들어서 키운 뒤 30세에 수천만 달러의 재산가가 된다. 그 뒤에 다음과 같은 수순을 밟는다.

첫째, 회사를 팔고 새 사업을 시작한다.

둘째, 주간지인 '실리콘 앨리 리포터'에 표지 인물로 나간다.

셋째, TV 탤런트나 영화배우와 사귄다.

우리 나라의 일부 사이비 벤처 기업가도 비슷한 전철을 밟는다. 그런 사고방식을 가진 벤처 기업가와 기업은 이미 벤처기업이 아니다. 그런 사고방식을 가진 벤처기업의 생명은 창조와 도전이라는 가치를 포기한 것과 다름없다.

V 부
상의적 환경

창의적인 조직은 인간을 존중한다

미국 포춘지(誌)는 가장 빠른 시간 안에 가장 빠르게 성장한 회사로 미국의 마이크로 소프트와 페덱스를 꼽았다.

페덱스는 1973년 프레드 스미스가 설립한 페더럴 익스프레스라는 특송 회사이다. 그 회사는 28년 만에 매출액이 190억 달러, 직원 18만 명, 보유 항공기 663대, 보유 자동차 4만 9천 대, 종업원 14만 9천 명의 회사로 성장했다.

페덱스 회사의 사장 겸 CEO인 데이비드 브론젝은 페덱스의 성공 비결은 직원을 인간적으로 존중해주는 것이라고 정의했다. 페덱스가 세계적인 회사로 성장할 수 있었던 것은 인간 관리이다.

페데릭은 계약직 파트 타임 사원에게도 보험 혜택을 주며, 지휘관에게 절대 권한을 주고, 운송에 필요한 모든 지원을 아끼지 않는다.

"인종, 계약직, 성별에 따른 어떤 차별이나 불이익을 주지 않으며 직원들이 회사를 신뢰하고 마음으로 헌신하도록 하는 것이 경영자의 임무라고 생각한다."

직원을 존중하고 그들을 인격적으로 대우하는 것이 가장 중요하다. 구성원들이 회사에서 상실감과 슬픔을 느끼지 않도록 동기 부여를 한다. 목표를 갖고 뛸 수 있고, 그 결과에 흐뭇해할 수 있도록 자극한다. 직원들은 돈보다는 개인적으로 존중받고 인정받고 싶어한다. 자신을 인정해주고 기회를 주는 회사를 위해 기꺼이 희생을 아끼지 않는다.

창의성은 갈등을 두려워하지 않는다

경쟁을 하다보면 필연적으로 갈등이 발생한다.

경쟁(competition)은 어느 한 집단이 다른 집단이 진행중인 행위를 방해하기 위한 직접적인 행동을 포함하지는 않는다. 그에 비해 갈등(conflict)은 상대방에게 해를 끼치기 위한 직접적인 행동이 있다.

'두 면이 서로 부딪히다'는 의미의 'conflict'는 칡과 등나무 넝쿨이 얽혀 있다는 뜻의 한자어 '葛藤'(칡 갈, 등나무 등)에 오면 더욱 심각한 느낌이 든다.

일반적으로 제거해야 하거나 변경시켜야 할 것으로 생각하는 관점은 전통적 견해(traditional views)의 갈등이고 그에 비해 인간관계와 가치창조 차원에서 바람직한 것으로 일정한 범위 내에서 격려 내지 고무되어야 한다는 관점은 현대적 견해(modern views)의 갈등이다.

갈등에 대한 현대적 관점은 갈등의 바람직한 해결과 해소를 개인이나 집단의 성장을 위한 필수조건으로 전제하여 보다 적극적인 자세로 갈등의 역기능적인 측면을 감소시키는 데 중점을 두고 있으며, 갈등관리(conflict management)를 인간관계의 다양한 측면에서 중요한 과업으로 간주하고 있다.

특히 적당한 수준의 건설적인 갈등의 부재는 새로운 도전과 아이디어 계발을 감소시켜 인간관계와 조직의 정체와 침체, 인간관계의 단절을 초래한다.

창의성은 유익하다고 판단되는 갈등과 적당한 갈등이 필요하다.

🄌 🄋 🄌 ✍ 경쟁과 협동의 선택을 위한 되받기 전략

사람들이 언제 경쟁하고 협동할 것인지를 결정하는 요인은 의사소통 가능성 이외에도 여러 가지가 있다. 사람들은 보수구조가 강할 때는 일단 경쟁을 선택하고, 개인주의 문화와 도시에서 자란 사람들이 더 경쟁적이다. 또한 성격적으로 경쟁적이거나 개인주의적인 성향을 가진 사람과 큰 집단에 속한 사람들은 협동보다는 경쟁을 선택했다. 그러나 무엇보다도 어떤 사람이 어떤 상황에서 경쟁할 것인지 협동할 것인지를 결정하는 데 가장 중요한 요인은 상호성이다. 즉 상대방의 행동에 따라 그에 맞는 대응을 하기 때문이다.

그러나 협동해서 서로 최대의 이익을 얻을 수 있는 상황에서 상대방이 일시적으로 경쟁했다고 그 상대방에게 끝까지 경쟁하는 것은 둘 다 망하는 지름길이다. 둘 중 하나만 이득을 얻을 수 있는 상황인지 둘 다 이득을 얻을 수 있는 상황인지를 명확하게 파악하고 눈앞의 이익에 얽매이는 어리석음을 범하지 않아야 할 것이다.

죄수의 딜레마 게임에서 어느 때 경쟁을 하고 어느 때 협동을 하는 것이 효과적일까? 악셀로드(Axelrod, 1984)는 죄수의 딜레마 게임에서 최대의 점수를 딸 수 있는 경쟁과 협동 선택의 가장 효과적인 선택전략은 '되받기 전략'(Tit-for-Tat strategy)이라는 사실을 밝혀냈다.

첫째, 우선 싸움을 먼저 걸지 마라. 먼저 경쟁적 선택을 하지 말고 항상 협동해야 한다. 그리고 상대방이 협동하는 것을 이용하지 않아야 한다. 둘째, 상대방의 경쟁에 대하여 지속적으로 복수하지 마라. 상대방이 경쟁을 유발했다고 하여 두고두고 복수하지 말고, 단 한 번의 보복으로 끝내야 한다. 셋째, 상대방에게 계속 이용당하지 마라. 상대가 경쟁하면 즉각 경쟁하고 상대가 협동으로 돌아서면 협동으로 돌아서는 되받기 전략이 좋다.

창의적인 조직에는 창조적 마찰이 있다

나의 특성과 당신의 특성이 서로 다르다는 점을 인정하라.

나의 장점과 당신의 장점이 다를 수 있음을 인정하라.

우리의 사고방식이 다를 수 있음을 받아들여라.

한 사람과 한 사람의 다른 특성이 만나 서로 보완하는 인간관계의 원리를 '상보성 원리' 라고 한다.

사람들은 처음 만나 사귀고 친해질 때는 유사성 원리가 중요하지만 시간이 지날수록 상보성 원리가 필요하다.

창의적인 사람들은 다양성을 인정하고 다양성으로 인한 갈등을 두려워하지 않는다.

그리고 혁신을 성공적으로 추진하는 경영자는 '창조적 마찰' (creative abrasion)을 두려워하지 않는다.

창의적인 사람들은 사람들이 제각각인 것처럼 좌뇌형-우뇌형, 분석적-직관적, 개념적-경험적, 사회적-독립적, 논리적-가치지향적 등으로 생각하는 스타일이 다르다는 것을 이해하고 있다.

이들은 대상 조직이 팀이든, 작업 집단이든, 회사 전체든 상관없이 각양각색의 접근 방법과 시각을 신중하게 생각한다.

구성원들이 경험적 지식에 입각해서 다른 사람들의 사고방식을 존중해야 한다는 것을 안다. 창조적 마찰을 잘 활용하는 경영 자들은 아이디어와 제품에서 창의성을 발휘하기 위해, 사고와 행 동에서 서로 갈등을 일으킬 수도 있는 다양한 사람들을 모으길 좋아한다.

창조적 마찰은 줄일 수 있다

도로시 레오너드와 수잔 스트라우스는 창조적 마찰을 줄이기 위한 방법에 관해 이렇게 말했다.

"창조적 마찰을 줄이기 위해서는 구성원들이 전면에 나와서 적극적으로 의견을 말하고 듣고 하는 것이 중요하다."

그렇다면 창조적 마찰은 어떻게 줄일 수 있을까?

첫째, 집단의 공동 목표를 항상 전면에 내세워 무엇 때문에 집단이 함께 일하는지를 분명히 한다.

둘째, 경영 지침을 분명하게 해야 한다. 효과적인 지침은 항상 간단명료하고 단순하다.

예를 들어, 어떤 집단은 의견 불일치에 대해 다음과 같은 원칙을 정했다.

"누구든지 다른 사람과 어떤 문제에 대해 동의하지 않을 수 있다. 그러나 반드시 합당한 이유가 있어야 한다"

"누군가 반대 의견을 제시하면, 누구든지 그 의견을 듣고 이해하려고 애써야 하며, 동의할 수 없다면 그 이유를 대고 논박해야 한다."

셋째, 앞서 나가며 일정 계획을 수립해야 한다. 그래야만 상상력이 풍부한 대안들이 나올 수 있는 각양각색의 논의와, 그 가운데 한 대안을 선택하여 실행 계획을 세우는 귀납적인 논의를 할 충분한 시간을 확보할 수 있다.

창의적 환경은 일탈자를 격려한다

웨스턴 전기회사의 호손 공장에서의 하나의 고전적 연구는 일탈자들에 대한 집단에서의 불이익의 사례를 잘 보여준다.

연구자들에 의해 자신의 생산성에 따라 봉급을 받는 몇 명의 노동자들의 행동이 관찰되었다. 더 열심히 일하고, 더 많이 해낼수록 각 노동자는 더 높은 봉급을 받을 수 있었다. 그러나 노동자들은 하루에 할 적정의 작업량에 대해서 그들 나름대로의 기준을 설정하였다. 그 노동자들은 매일 자신이 정한 일을 달성한 후에는 게으름을 피웠다. 그만큼만 일하면 종업원들은 상당한 액수의 돈을 벌 수 있었고 더 이상 열심히 일할 필요가 없었다.

열심히 일하는 사람은 다른 사람들을 상대적으로 나쁘게 보이도록 만들고 경영자들에게는 더 높은 생산량을 기대하도록 해 결국 자신이 더 많은 일을 하게 된다. 그렇기 때문에 노동자들은 스스로 일정한 기준 이상으로 열심히 일해 다른 사람의 눈 밖에 나기도 싫고 해서 필요 이상으로 일에 매달리지 않았다.

창의적 환경에서는 일탈자를 고무하고 격려해주어야 한다. 일탈자가 없는 환경은 삶아죽는 개구리 신세를 면하기 힘들다.

창조자는 창조 공간이 있다

"내가 아는 한 아이디어란 내가 지쳤거나 작업 책상 앞에 앉아 있을 때는 절대로 나오지 않는다."(헬름홀츠, 물리학자)

"가장 좋은 아이디어는 면도할 때 나온다."(아인슈타인, 물리학자)

"정말 좋은 아이디어는 모두 내가 소젖을 짜고 있을 때 나왔다."

소설가 이외수는 글을 쓸 때 감방같이 꾸며놓은 곳에서 글을 쓴다. 그리고 밖에서 부인이 열쇠를 걸어 잠근다.

칸트와 스키너 같은 유명한 학자들은 일정한 시간 또는 공간을 정해놓고 산책을 하고 자신과 대화하는 시간을 즐겼다.

창의적으로 문제를 해결하려면 일단, 열심히 가능한 한 많이 자료를 모으고 정리하라. 그리고 답이 나오지 않으면 다른 일을 하며 뇌파를 전환시켜라.

흥분하고 긴장되어 있던 베타 파의 뇌파를 안정적이고 집중력을 발휘할 수 있는 뇌파인 알파 파로 바꾸어야 한다.

그러기 위해 잠깐의 휴식, 산보, 명상, 화장실 가기, 여행하기,

스포츠, 목욕과 같은 시간을 만들어라. 그리고 당신만의 공간에 숨어보자.

창의적인 사람들은 자신만의 시간을 갖고, 자신만의 공간을 갖고 있다.

그 곳이 어디이든지 간에.

창의적 동기부여는 인사 배치에서 나온다

경영자가 구성원의 창의성을 자극하기 위해 할 수 있는 가장 효과적인 방법은 적절한 업무를 할당하고 배치하는 일이다. 경영자는 구성원들의 전문성, 창의적 사고 기술, 내적 동기부여를 이끌어내기 위해 너무 많지도 적지도 않은 업무 할당을 해야 하고, 구성원과 직무를 적절히 연결시키는 데 필요한 정보를 가지고 인력 배치를 해야 한다. 그래야 도전 의식이 생긴다.

〈내적 동기부여를 위한 조건〉
1. 도전의식을 자극하는 인사 배치
2. 구성원들에게 부여된 자율성
3. 업무 추진과 관련된 시간과 돈
4. 상보적 업무 그룹 형성
5. 상사의 격려
6. 조직 전체의 지원

창조자는 감정관계에 묶이기를 싫어한다

창조자는 조직 생활이 불편하면 손해를 보더라도 과감하게 떠난다.

조직을 떠나 손해를 보더라도 마음이 편하고 즐거운 삶을 추구하기 때문에 스님이 절이 싫으면 떠나듯 훌쩍 떠날 수도 있다.

인지 균형이론을 주장한 심리학자 하이더는 사람들간의 관계를 거리와 집단 구분에 따른 단위관계와 좋다-싫다와 같은 감정관계로 나누었다. 그의 이론에 따르면 사람들은 단위관계와 감정관계 간에 균형을 이루려고 시도한다.

'단위관계' (unit relation)란, 함께 소속되는 사람이나 대상들은 하나의 단위를 이루는데, 주로 그러한 사람들은 기능적인 거리가 가깝다. '감정관계' (sentiment relation)란, 사람들이 어떤 사람이나 대상에 대해 갖게 되는 호감이나 오감에 바탕을 둔 관계로 심리적으로 불편한지 여부를 결정한다.

사람들은 불균형 상태를 균형 상태로 바꾸는 데 가장 적은 노력과 적은 희생을 감수하는 쪽으로 균형을 맞춰나가는 경향이 있는데 이를 '최소 노력의 원리' (least effort principle)라고 한다. 어차피 같은 배를 타고 가야 할 처지라면 미워하기보다는 차라리 좋아하는 것이 마음 편하다.

보통 사람들은 자신과 연결되어 있는 같은 집단의 사람들과 불편한 감정을 갖기보다는 차라리 집단 구성원들을 좋아함으로써 심리적으로 균형을 이루려고 한다. 그러나 창의적인 사람들은 그렇지 않다. 자신이 조금 손해를 보더라도 불편한 감정관계를 끊기 위해 조직을 떠난다.

창의적 조직은 구성원들의 감정관계를 파악해서 부정적인 감정관계에 얽히지 않도록 배려해야 한다. 그래야만 창조적 에너지의 낭비를 예방할 수 있다.

타일러와 시어즈

타일러와 시어즈(Tyler & Sears, 1977)는 단위관계와 감정관계에 관한 실험을 통해 보통 사람들의 심리를 실험했다.

실험자들은 여대생 피험자들을 대상으로 두 사람씩 토론을 시켰다. 그러나 그중 한 사람은 실험자와 미리 짜고 행동하는 실험 협조자였다. 실험에 참여한 피험자들은 실험 협조자를 만나 토론을 하는데 상대방은 피험자의 이름을 알려줘도 잊어버리고, 껌을 질겅질겅 씹고, 피험자의 얼굴에 담배연기를 내뿜고, 피험자가 이야기를 하면 때로 정신나간 소리를 한다고 핀잔을 주고, 자신이 말할 때는 피험자를 쳐다보지도 않았다. 그렇게 함으로써 실험자들은 피험자에게 다른 토론자에 대한 부정적인 감정을 유발시켰다. 즉 나쁜 감정관계를 만들었다.

그 다음에 실험자는 피험자에게 이 불쾌한 인물과 또 다른 40분간을 토의하면서 보내야 한다고 말해줌으로써 하나의 단위관계로 묶어주었다. 한 집단의 피험자들에게는 또 다른 토의는 없다고 말해줌으로써 단위관계를 형성시키지 않았다. 그런 다음 잠시 다른 방으로 가서 질문지에 응답하도록 요구했다. 질문 문항에는 피험자가 또 다른 피험자, 즉 실험 협조자를 얼마나 좋아했는지를 묻는 문항이 들어있었다.

그 결과 피험자들은 앞으로 상호작용이 없을 것이라는 조건에 상대방과 상호작용이 있을 것이라는 이야기를 들을 경우 불쾌했던 상대방을 긍정적으로 평가하였다. 즉 앞으로 불쾌한 상대방과 토론하지 않을 것이라고 예상한 피험자들은 상대방을 느낀 그대로 부정적으로 평가한 반면 앞으로 또 40분을 토론할 것이라고 예상한 피험자들은 상대방을 매우 호의적으로 평가했다.(두 집단간의 평균 점수 차이는 +3.78).

실험 결과 보통 사람들은 부정적인 감정관계인 사람일지라도 자신이 앞으로 같은 단위관계를 형성할 사람이라면 그러한 부정적인 감정관계를 유지하기보다는 차라리 긍정적으로 감정을 바꾸는 경향이 있음을 보여주고 있다. 그러나 창조자는 감정관계가 좋지 않으면 다른 불이익이나 손해를 감수하고서라도 단위관계를 포기하는 경우가 많다.

창의적 리더는 특성에 따른 배치를 한다

더블린 그룹은 스칸디나비아 항공의 의뢰로 대형 팀을 구성했다. 그 팀에는 사회과학자와 정보 기획가뿐만 아니라 비행기 조종사와 승무원이 포함되었다. 항공사 직원은 스칸디나비아 항공을 이해하고 있었고 아이디어로 제안되는 서비스 혁신이 기업 경영과 기업 문화에 어떤 변화를 줄 것인지 알고 있었다.

네드 허먼(Ned Herman)은 제너럴 일렉트릭의 경영자였을 때 두뇌 특성에 따라 사람들의 직업을 연구하며 두뇌 우열 평가 도구(HBDI)라는 것을 만들었다.

두뇌 특성이란 좌뇌와 우뇌의 발달 정도와 특성을 의미하며, 두뇌 특성 검사란 좌뇌의 발달 특성과 우뇌의 발달 특성을 객관적으로 측정하기 위한 표준화된 검사이다.

HBDI는 사람의 좌뇌적·우뇌적 사고 혹은 개념적·경험적 사고의 선호를 측정한다. 대개 이런 선호는 특정 직업과 일치한다. 예를 들어, 자신들을 분석적이고 수학적이고 논리적이라고 생각하는 사람들은 좌뇌적 성향을 갖는다. 그에 비해 정서적, 공간적, 감각적, 직관적, 공감각적이라고 생각하는 사람들은 우뇌적 성향을 보인다.

　　창의적 경영자들은 좌뇌적 성향을 가진 사람은 좌뇌적 업무에 배치하고, 우뇌적 성향을 가진 사람은 우뇌적 업무에 배치한다. 그리고 태스크 포스를 구성할 때는 좌뇌적 성향과 우뇌적 성향을 상보적으로 배치해서 시너지를 활용한다.

🖊 좌뇌와 우뇌의 특성 비교

　　사람들의 뇌는 좌반구와 우반구 두 개로 나뉘어져 있다. 좌반구와 우반구를 이어주는 신경섬유 다발을 뇌량(뇌의 다리)이라고 하는데 만약 뇌량이 절단되면 사람들은 좌뇌에서 일어나는 일을 우뇌에서 알지 못하고, 우뇌에서 일어나는 일을 좌뇌에서 알지 못한다. 이런 사실을 처음을 밝혀낸 사람은 실험 심리학자로 노벨 의학상을 수상한 미국의 '스페리'였다.

　　그는 분리된 뇌 실험을 통해 뇌량이 절단된 사람의 왼쪽 시야에 볼트와 너트를 보여주고 이름을 말하라고 했다. 그랬더니 환자는 볼트와 너트의 이름을 말하지 못했다. 그러나 그것을 어떻게 사용하느냐고 물었더니 볼트를 너트에 끼워보였다. 그것을 본 스페리는 좌뇌에서는 언어를 우뇌에서는 이미지를 담당한다는 사실을 발견함으로써 인간의 좌뇌와 우뇌 기능이 다르다는 사실을 최초로 밝혀냈다. '인간의 마음은 하나인데 왜 뇌는 두 개인가'라는 의문 때문에 고민했던 데카르트의 문제를 스페리가 해결해준 셈이다.

　　좌뇌는 언어 · 수리 · 논리 · 상식 · 계열 사고력 · 우측 신체 발달을 담당하고, 우뇌는 도형 인식력 · 공간 지각력 · 창의성 · 예능 · 직관 사고력 · 좌측 신체 발달을 담당한다. 좌뇌가 냉정한 이성과 논리를 담당한다면, 우뇌는 주로 직관과 감성적인 능력을 담당한다. 어떤 경우에는 우뇌와 좌뇌가 상호 보완적으로 기능할 때도 있지만 좌뇌와 우뇌의 기능은 엄연히 다르다. 만약 어렸을 때 좌뇌의 언어 중추를 다치면 우뇌에서 언어 기능의 일부를 대신하긴 하지만 제한적인 보완일 뿐 좌뇌와 우뇌의 근본적인 기능에는 영향을 미치지 않는다.

창의적 조직은 전뇌적 팀을 구성한다

인텔이나 제록스와 같은 회사에는 연구, 마케팅 활동, 제품 개발 부서에 문화 인류학자와 사회심리학자를 고용하고 있다. 그 이유는 그들이 인간 행동에 관심을 가지고 그것을 설명할 수 있도록 교육받았기 때문이다.

제록스 파크 회사에서는 사람들이 만나고 어울리는 가상 공간을 설계하기 위해 컴퓨터 과학자와 인류학자가 함께 참여해, 인간미가 넘치고 사람들이 좋아하는 장소로 만들었다.

과거에는 좌뇌가 발달한 인간형을 필요로 했다. 그러나 80년대 후반 들어 좌뇌형 인간형에 대한 반발로 우뇌형 인간형이 강조되기도 했으나 그것은 일시적인 현상이었을 뿐이다.

자녀 교육, 유아 교육은 전뇌 교육을 지향하고 그에 맞춰 교육이 이루어져야 한다. 그러나 이미 자신의 두뇌 특성이 굳어버렸다고 믿는 성인이라면 자신과 다른 사람과 팀을 구성함으로써 전뇌적 인간형을 구현할 수 있다.

창의성 패러다임 시대에는 전뇌적 인간을 필요로 한다.

창의성은 좌, 우뇌 모두 중요하다

제리 허시버그는 설계사들을 가상의 2인조를 한 팀으로 일하게 함으로써 닛산 디자인에 전뇌의 원리를 도입했다.

좌뇌형 조직과 우뇌형 조직, 좌뇌형 인간과 우뇌형 인간, 그리고 어떤 스타일의 사고방식을 가지고 있는 조직이나 사람이 우수하다는 얘기는 아니다. 서로 강약, 장단이 있으므로 상보적인 관계를 유지해야 시너지가 발생할 수 있다는 것임을 다시 이해해야 한다.

시간이 흐름에 따라서 형성된 것이든, 경영자의 경영 스타일에 따라서 형성된 것이든 기업 문화는 전적으로 특정한 인식 스타일에 지배를 받게 될 수 있다.

어떤 조직은 분석적이고 논리적인 좌뇌형의 인물들을 선호하여 그들을 중심으로 팀을 구성했다. 그들은 산업 분석, 기존 제품의 가능성 재검토, 그들이 배운 대로 최신 재무분석 기법을 적용하는 데 장점이 있다. 그러나 그런 사람들로만 조직이 구성되면 새로운 아이디어를 만들어내기 힘들고, 창의성을 발휘하기 힘들다.

거꾸로 어떤 조직은 직관적이고 감성적인 우뇌형의 인물들을 선호하여 그들을 중심으로 팀을 구성했다. 그들은 논리적이고 분석적이지는 않지만 새로운 아이디어, 기발한 아이디어를 만들어내는 데 장점이 있다. 그러나 그런 사람들로만 조직이 구성된다면 새로운 아이디어 시장에서 어떻게 활용될 것이며, 그 아이디어를 구현하는 데 어느 정도의 기술력과 시간이 소모되는지를 분석하기 힘들다.

갈등과 마찰을 두려워하지 말고 다른 특성들의 사람들을 하나로 합친 전뇌적 팀을 만들어야 창의적 결과를 만들어낼 수 있을 것이다.

창조자는 자기장 속에 살고 있다

사람들은 에너지를 가지고 있다.

그것은 '기'(氣)일 수도 있고, 생리적 에너지일 수도 있고, 프로이트가 말한 심리성욕적 에너지인 '리비도'(libido)일 수도 있다. 그리고 사이코드라마를 제창한 모레노가 말하는 '창의성'일 수도 있다. 여하튼 사람들은 생리적, 심리적, 지적으로 독특한 에너지를 가지고 있다. 이런 에너지는 사회적으로도 나타나는데 이런 현상을 사회심리학자인 레빈(Lewin)은 '장 이론'(field theory)으로 설명했다.

사람들은 혼자 있을 때와 다른 사람과 함께 있을 때의 행동이 다르다. 사람의 행동은 사회적 상황에 따라 그 행동이 결정된다. 사회란 하나의 커다란 장(field)이다. 사람들은 사회란 커다란 장 속에서 서로 영향을 주고받으며 사는 사회적 동물이기 때문에 혼자 있을 때와 여럿이 있을 때의 행동은 다를 수 있다.

창의적인 사람은 과제에 따라 혼자 일하는 것이 좋은지, 여럿이 일하는 것이 좋은지를 잘 알고 있다.

레빈은 사람과 환경이 상호작용해서 만들어내는 심리적, 사회적 장(field)에 관심을 갖고, 인간의 행동이 사람과 환경의 상호작용 함수로 결정된다고 주장했다.

$$B = f(P, E)$$

        B: 인간의 행동(behavior)

        P: 지능, 성격과 같은 개인적 특성(person)

        E: 물리적 환경을 포함한 사회적 환경

          (environment)

        f: 함수(function)

장(場) 이론

사회는 상호의존의 관계가 형성되어 있기 때문에 어느 한편의 변화는 다른 쪽의 변화를 일으킨다. 사회 속에서 사람들은 서로 영향을 주고받고, 사회적 자극의 영향을 받아서 행동이 변화한다. 이와 같이 타인의 존재나 행동이 개인의 행동에 미치는 효과를 포괄적으로 사회적 영향(social impact)이라고 한다. 이런 현상을 다룬 이론이 장-이론(field theory)이다.

장 이론은 원래 형태주의 심리학자인 쾰러(Köhler)가 정신생리적인 장, 즉 뇌와 척수의 장을 상정함으로써 심리학에 처음으로 도입되어 레빈(Lewin)에 의해 사회 상황으로 확대 적용되었다. 쾰러는 자연과학에 조예가 깊었다. 그는 심리학의 모든 이론은 심리학의 영역에만 국한될 수 없고 생물학, 궁극적으로는 물리학적인 개념을 언급하지 않을 수 없다고 생각했다. 쾰러는 물리학적 과정과 생리 과정, 중추신경 간에도 상응하는 관계가 있다고 생각했다. 물리적 형태는 서로 연결된 관을 흐르는 물이나 자기장에 통하는 전류와도 같은 것으로 물리적인 힘의 분포는 서로 영향을 미치면서 결정되는 것이라고 주장했다. 즉 관계는 상대적이며 절대적인 강도의 수준 변화에 의하는 것이 아니라고 주장했다. 이러한 쾰러의 주장을 수용해서 형태주의 심리학은 전체를 논하고, 전체는 각 부분에서, 그리고 각 부분은 다른 부분에 의해서로 영향을 주고받는 역학적 상관 관계를 갖는다는 입장을 취했다.

창의적 환경이란 생활 환경이다

창의적 환경은 우리가 사는 환경과 다른 별나라가 아니다.

창의적 환경이란 바로 우리가 살고 있는 생활 환경이다.

밴디마크(VanDemark, 1991)는 창의성에 영향을 미치는 요인을 18가지로 정리했는데, 크게 개인적인 환경 요인과 집단적인 환경 요인으로 구분했다.

이러한 요인들은 개인 내에서 매우 역동적으로 상호작용하며, 한 사람에게 긍정적·부정적 영향을 미친다.

창의성 조직 풍토는 이러한 환경요인이 개인에게 긍정적인 영향을 미칠 수 있도록 장애의 요인을 제거하고, 고무시킬 수 있을 때 이루어진다.

개인적인 환경요인	시간, 육아, 주변사물, 안정감, 습관, 이동, 조직, 친구, 지역사회
집단적인 환경요인	안전, 교육, 경제, 문화, 종교, 사회기관, 정치, 사회집단(주도·소외), 사회풍토

창의성에서 집단 응집력은 야누스이다

집단이 응집력이 있다는 것은 좋은 일이다.

그러나 지나치게 응집력이 있다면 창의적 환경을 저해할 수도 있다.

집단 응집성(group-cohesiveness)이란, 집단 구성원들이 집단에 대해 느끼는 긍정적 및 부정적인 힘의 총계로 그 집단에 끌리는 정도, 그 집단의 멤버로서 남아 있기를 원하는 정도, 그것은 집단에 개입된 정도에 따라 결정된다.

일반적으로 집단 멤버들이 서로 좋아할수록, 집단에 속함으로써 더 많은 것을 얻을 수 있을 것이라는 기대를 가질수록, 충성심을 더 느낄수록 그 집단은 응집성이 높다.

그러나 집단 응집성이 높다고 항상 좋은 것은 아니다. 의사결정이 왜곡될 수도 있고, 극단적으로 치우치게 될 수도 있다. 그리고 창의성이 억압될 수도 있다. 때로는 부당한 집단파업을 유발시킬 수도 있고, 집단 구성원들에게 압력으로 작용해 심리적 긴장을 초래하거나 구성원의 의사표현 또는 역할 선택의 폭을 제한하는 단점도 가지고 있다.

과거에는 집단 응집력과 만장일치를 통한 관리가 효과적이었을지도 모른다.

그러나 창의성 패러다임 시대에는 자신이 속한 조직에 대한 열정과 사랑, 그리고 자신의 일에 애정만 있다면 자신의 의견을 엉뚱하게 표현할 수 있는 분위기를 만들어야 한다.

창의적 리더는 토론 초반에 말이 없다

창의적 리더는 창의적 아이디어를 살리는 토론 기법을 알고 있다. 창의적 아이디어를 죽이는 집단 사고를 예방하기 위해서는 몇 가지 회의 규칙을 지키면 도움이 된다.

첫째, 지도자는 구성원들에게 반대 의견과 의문점들을 말하도록 고무시켜야 한다. 그러기 위해서 지도자는 자신의 아이디어를 비판받을 준비가 되어 있어야 한다.

둘째, 지도자는 토의 초기에는 가만히 있어야 한다. 지도자 자신의 선호와 기대는 다른 구성원들 각자의 견해를 표방한 다음에 제시한다.

셋째, 집단은 먼저 하위 위원회, 분과회로 나누어 독립적으로 토론을 실시하고, 그 다음에 차이점을 줄이려는 토의를 해야 한다.

넷째, 지도자는 외부 전문가들을 초빙해서 집단 구성원들의 견해와 다른 의견을 제시하도록 분위기를 만들어야 한다.

다섯째, 매 회의에서 적어도 한 사람에게는 집단의 의견에 도전하는 비평가나 반대자의 역할을 하도록 해야 한다. 미운 오리를 한 마리 입양해서라도 집단 의견에 도전하는 사람을 만들어야 한다.

창의성은 혼자보다는 릴레이가 좋다

400m 릴레이 기록을 4명으로 나누었을 때 기록과 혼자서 100m를 달렸을 때 기록은 어느 쪽이 더 빠를까?

언뜻 보기에는 계주가 더 느릴 것 같아 보인다. 바톤을 이어받아야 하고, 서로 호흡이 잘 맞아야 하기 때문에 지체되는 시간이 있을 수도 있다. 그러나 400m 릴레이 기록이 더 빠르다.

사람들은 일반적으로 집단보다는 개인이 혼자서 아이디어를 생각할 때 보다 많이 그리고 다양하게 생성해낼 수 있을 것이라고 생각한다. 그럴 수도 있다. 그러나 집단을 잘 활용하면 더 많은 다양한 아이디어를 생각해낼 수도 있다. 시유(Siu)는 릴레이 경주를 유추하여 '릴레이 사고'라는 집단 아이디어 발상법을 제안했다.

릴레이 사고는 3~4명의 사람들이 협동해서 아이디어를 만들어내는 방법이다. 먼저 한 사람이 개별적으로 생각하는 시간을 갖고, 그런 다음 자기가 생각해낸 아이디어를 두 번째 사람에게 전달해준다. 두 번째 사람은 다시 개별적으로 생각하는 시간을 갖고 아이디어를 만들어낸다. 그런 다음 세 번째 사람에게 그때까지 생각해낸 아이디어를 전달하여 마지막 사람이 아이디어를 만들어낸다. 이 때 릴레이 경주에서 바통 터치가 중요한 것처럼 아이디어를 다음 사람에게 어떻게 전달하느냐가 중요하다.

⊙ⓘⓟ ✎   릴레이 사고할 때의 주의점

　릴레이 사고는 개인의 작업과 집단의 작업이 반복된다. 이 경우 창조 공간을 지정해둘 것인지 자유롭게 할 것인지, 시간 배정을 어떻게 할 것인지, 순서는 어떻게 정할 것인지, 모든 사람들이 모여서 아이디어를 협의할 것인지를 미리 정해두는 것이 좋다.

　릴레이 사고로 아이디어를 해결하려고 할 때는 몇 가지 염두에 두어야 할 점이 있다.

　첫째, 집단의 문제를 나의 문제로 인식해야 한다. 그러기 위해 문제에 대한 저자 의식(authorship)을 갖고 책임 의식을 높여야 문제 해결에 적극적으로 참여하게 되고, 채택한 해결 방안을 수용하기가 더 쉽다.

　둘째, 개인의 선호나 감정을 표현할 수 있어야 한다. 개인의 선호나 감정이 억압되면 집단으로 아이디어를 찾아내는 것이 억압받을 수도 있다. 개인의 선호나 감정을 중요한 자료로 간주해야 한다.

　셋째, 개인적인 사고와 집단적인 사고가 순환적으로 이루어져야 한다. 개인적으로 깊이 생각해볼 수 있는 시간을 주고, 각자의 아이디어를 바탕으로 팀워크로 아이디어를 만드는 과정이 필요하다.

　넷째, 판단 유보의 원칙을 지켜야 한다. 자유롭게 아이디어를 생각해내고 남의 아이디어를 듣고 다른 아이디어를 생각해낼 수 있도록 보장하고 격려해야 한다. 그러기 위해 브레인스토밍의 규칙을 지켜야 한다.

　다섯째, 아이디어의 평가는 다수결보다는 건설적 비판이 중요하다. 비판은 아이디어를 묵살하는 데 있는 것이 아니라 더 나은 대안을 찾기 위한 것이어야 하므로 판단의 준거에 따라 건설적으로 비판해야 한다.

창의적 아이디어는 화장실에서 만들어진다

카타르시스(catharsis)!

카타르시스는 심리적 정화(淨化)이다. 이 말의 어원은 그리스 말의 '배설하다'에서 나왔다. 무엇인가 뭉쳐 있던 것이 쏴악 빠져나갈 때의 희열이란.

요즘 화장실에 많은 시설 투자를 하고 있는 기업과 지방자치 단체들이 부쩍 늘었다. 특히 몇몇 대기업은 화장실을 창조의 공간으로 활용하기 위해 화장실을 호텔 수준 이상으로 깨끗이 단장하고 편안하게 분위기를 연출한다는 소식을 접한 적이 있다.

창조할 수 있는 능력이 없는 그러한 삶은 무미건조할 것이다. 사람은 나름대로 자신의 삶을 창조하기 위해 사유하고, 고민하고 행동한다. 때로 창조하기 위해 기존의 틀을 깨뜨리려 몸부림치다 쓰러지고, 또 도전한다. 그리고 어느 날인가 자신이 추구하던 것을 창조해냈을 때는 한없이 기쁘다.

사람들은 나름대로 자기의 사유의 공간을 가지고 있다. 어떤 사람은 자기 방일 수도, 어떤 사람은 공원일 수도 있다. 어떤 사람들은 특이하게도 화장실을 사유의 공간으로 활용하기도 한다.

요즘은 다양한 장면에서 아이디어 회의나 기획 회의를 한다.

기존의 방식에 연연하지 말고 있는 그대로 생각나는 대로 이야
기를 해보라고 격려하지만 신선한 아이템 하나 건져내기란 좀처
럼 쉽지 않다. 장소를 바꿔 회의를 하고 다양한 창조 공간을 만
들어 창조할 수 있는 분위기를 만들어보자.

창의적 아이디어는 혼자일 때 효과적이다

육체적인 일은 여럿이 어울려서 할 때 효과적이다. 그러나 과제에 따라서는 오히려 혼자 하는 경우가 더 효율적인 경우도 많다. 특히 머리를 써야 할 경우가 그렇다. 머리 짜내기에 관한 테일러의 연구들은 집단 수행이 개인들보다 항상 생산적인 것은 아니라는 사실을 보여주었다. 그렇다면 아이디어나 복잡한 문제 해결을 혼자하는 것이 효과적인가 그렇지는 않다.

물론 아이디어를 생성하거나 문제 해결을 하는 데 있어서 집단이 효과적인 경우도 있다. 가령, 우주인을 우주에 보내는 데는 우주공학, 물리학, 화학, 재료공학뿐만 아니라 심리학, 수학 등의 전문가들이 함께 문제를 해결해나가야 한다. 그럴 경우 각자 자기 분야의 전문적 지식을 활용하여 문제 해결을 해나가는 것이 효과적이다.

따라서 창조적인 일이라 하더라도 과제의 종류에 따라 집단으로 과제를 수행할 것인지 개인으로 과제를 수행할 것인지를 결정해야만 한다. 무턱대고 창조적인 아이디어가 필요하다고 해서 혼자 머리를 쥐어 짜내는 것이 효과적인 것은 아니다. 과제에 따라 혼자 할 사유와 여럿이 함께 할 사유가 다르다.

창의성에도 강령이 있다

창의성에도 규칙이 있고 지켜야 할 강령이 있다.

TTCT 창의성 검사 도구를 개발하고 창의성 연구에 지대한 업적을 남긴 토랜스(Torrance, 1983)는 창의성 교육을 위해 창의성 교육 강령(manifest)을 남겼다.

첫째, 어떤 것을 좋아하고 사랑하게 되는 것을 두려워하지 말라. 오히려 그것을 집중하여 추구해가라. 둘째, 당신 자신이 가지고 있는 가장 큰 장점이 무엇인지를 알고, 이해하고, 긍지를 가지며, 연습하고, 개발하고, 이용하고, 그것을 즐겨라. 셋째, 다른 사람들의 기대에서 벗어나 자유로워지도록 노력하고 그들이 강요하는 게임을 멀리하라. 자유로운 마음으로 당신 자신의 게임을 하라. 넷째, 당신을 도와줄 수 있는 선생님 또는 상담자를 찾으려고 애써라. 당신 인생에서 정신적 스승인 멘토를 만나도록 하라. 다섯째, 원만한 사람이 되려고 당신의 에너지를 낭비하지 말라. 여섯째, 당신이 사랑하고, 잘할 수 있는 것을 하라. 일곱째, 다른 사람과 서로 의존하여 살아갈 수 있는 기능을 배워라.

창의성이란 씨는 토양이 중요하다

창의성이라는 씨가 잘 자라기 위해서는 창의성이라는 싹을 틔울 수 있는 토양이 필요하다. 그것은 다름 아닌 조직 풍토이며, 조직의 분위기이다.

창의성 씨가 새싹을 키우기 위해서는 자유롭고 즐거워야 한다.

실리콘 앨리(Silicon Alley).

세계 디지털 문화를 선도하는 문화 예술의 중심지 뉴욕 맨해튼에 둥지를 튼 수백 개의 벤처 회사를 말한다. 서부의 '실리콘 밸리'가 정보 통신 첨단 기술의 본산이라면 이곳은 닷컴 기업을 중심으로 새로운 문화 콘텐츠를 만드는 디지털 문화의 메카이다. 그들은 이메일과 같은 온라인으로 의사소통을 하지만 파티와 같은 아날로그식 만남을 즐긴다. 그들은 파티에 초대받으면 만사를 제쳐놓고 달려가서 파티 속의 대화를 즐긴다.

실리콘 앨리의 '미디어 팜'이라는 컴퓨터 관련 회사에는 컴퓨터 관련 책들이 없다.

탈색한 머리를 하고 있는 사람.

강아지를 데리고 출근하는 사람.

신년 벽두에 마라톤을 하는 회사.

창의적 환경은 튀는 고기를 좋아한다

사람들은 인지적으로 게으르기 때문에 모든 정보들을 다 처리해서 결정하지 않는다. 설령 어떤 정보를 처리한다 하더라도 자기 중심적인 정보 처리를 하기 때문에 어떤 현상이나 행동의 원인을 정확하게 찾질 못한다. 그런 현상을 귀인 오류라고 하는데, 귀인 오류는 특히 어떤 자극이 특출할 때 잘 나타난다.

어떤 자극이 지각적으로 특출할 때 특출한 자극을 어떤 현상의 원인으로 삼는 오류를 '독특성 효과' 또는 '현저성 효과'(salience bias)라고 한다.

사람들은 어떠한 원인을 찾거나 세상을 볼 때 지각적으로 특출한 자극들의 역할을 강조한다. 이러한 현상은 곧 지각적으로 특출한 사람들이 그렇지 않은 사람보다 더 쉽게 도마에 오를 수 있음을 보여준다.

튀는 고기를 인정해주고, 격려해주는 환경이 창의적 환경이다.

창의적인 조직은 미운 오리를 키운다

잭 포스터가 속해 있는 광고 회사에서는 창의성 풍토를 만들기 위해 유치해지려고 노력한다.

자기 어렸을 때 사진 가져와서 주인공 맞춰보기

가장 매운 고추를 싸 가지고 와서 맛을 본 후 가장 매운 고추 상 주기

도시락을 싸 와서 복도에 앉아서 점심 먹기

식구들이 집에서 만든 작품 경매하기

창의성 풍토는 미운 오리 새끼를 두려워하지 않으며, 튀는 고기가 도마 위에 오를까 떨지 않는다. 자유롭고, 즐거워야 한다.

그것은 개인, 리더, 환경, 그리고 모든 구성원들의 자발적 참여로 이루어지는 것이다.

창의적인 조직은 학력을 무시한다

고등학교를 중퇴하고 가수가 된 서태지.

성악을 전공하고도 가수가 된 조영남.

대학 입학 권유를 포기하고 바둑에만 전념하는 이창호.

하버드 대학을 중퇴하고 영화감독이 된 스티븐 스필버그.

하버드 대학을 중퇴하고 마이크로 소프트사를 창업한 빌 게이츠.

이면우는 『신사고 이론 20』에서 미국의 한 잡지사 이야기를 소개하고 있다.

그 회사 발전에 지대한 공헌을 한 젊은 임원 11명을 조사했더니 그들은 모두 자기가 하는 일에 미쳐 있었다. 그 미친 사람들은 상사의 지시도 받지 않고, 보고도 하지 않으며, 한동안 어디론가 사라졌다가 불쑥 나타나서는 새로운 제안을 하곤 하는데, 그때마다 큰 업적을 낸다는 것이다. 11명 중 명문대 출신은 하나도 없고, 평균학력도 대학 2년 중퇴다. 왜 중퇴를 하게 되었느냐고 묻는 질문에 그들은 이렇게 대답했다.

"대학에서 가르치는 내용이 재미없어서",

"빨리 해보고 싶은 일이 있어서",

"내 아이디어를 사업화해보고 싶어서"

이들의 성공 사례를 본 다른 기업의 임원이나 경영자들은 부담스러울 수밖에 없다.

학력 파괴, 성별 파괴, 지역 차별 파괴, 외모 파괴 등등.

창의적인 조직은 그 사람이 어떤 사람인가보다는 어떻게 일을 할 수 있는지를 따진다.

창의적인 조직에는 유머가 있다

폴 발레리는 이렇게 말했다.

"심각한 사람들에게는 절대 좋은 아이디어가 나오지 않는다. 거꾸로 아이디어가 풍부한 사람들은 결코 심각하지 않다."

창의적인 사람들은 즐거우며 유머 감각이 있다.

유머 감각이 있는 사람들은 세상을 긍정적으로 보고, 열린 마음으로 세상을 받아들인다. 켈러허라는 항공사 사장은 기존 사원들이 고객을 웃길 수 있도록 전념을 다하고 있다. 게다가 신입사원 선발을 위한 면접에서도 가장 비중을 두는 것이 있다.

"사람을 얼마나 웃길 수 있는가?"

유머는 사람들의 긴장을 풀어주고, 기쁨을 준다.

유머러스한 사람은 조직 구성원들에게 신선한 스트로크를 선사하며 유머가 있는 환경은 아이디어가 샘솟는다.

개인은 물론 조직, 사회에 창의적 마인드가 확산되려면 유머가 필요하다. 유머는 창의성을 키워줄 뿐만 아니라 그 자체가 창의적 산물이다.

|저|자|약|력|

최창호

사회심리전문가
사회심리학 박사(중앙대)
한국창의성인력개발원 대표
인하대학교 겸임교수

현재

KBS 1TV 〈TV 생활법정〉 변호인
MBC 〈아주특별한아침〉 패널
KBS 1R 〈송지헌 신성원의 라디오 동서남북〉 패널
CBS R 〈정재환의 행복을 드립니다〉 패널
웨딩 TV 〈최창호 장미화의 부부성클리닉〉 MC

저서

그래, 이게 바로 나야(김영사)
사이코 실험실(학지사)
심리를 알면 궁합이 보인다(푸른숲)
심리학이란 무엇인가(학지사)
연구실 밖으로 나온 심리학(미세기)
20세기를 빛낸 심리학자(학지사)
창의적인 사람들의 7가지 반란(학지사)

E-mail: psyko@chol.com

저자와의
협의하에
인지생략

창의적 리더는
자장면을 먼저 시키지 않는다

2003년 2월 25일 1판 1쇄 인쇄
2003년 2월 30일 1판 1쇄 발행

지은이 · 최 창 호
펴낸이 · 김 진 환
펴낸곳 · **학 지 사**
120-193 서울시 서대문구 북아현3동 187-10 혜전빌딩 2층
전   화 · 편집부 363-8661 / 영업부 363-1333 / 팩스 365-1333
홈페이지 · http://www.hakjisa.co.kr
등   록 · 1992년 2월 19일 제2-1329호
ISBN 89-7548-826-8 03180

정가 8,000원

파본은 교환하여 드립니다.

인터넷 학술논문 원문 서비스 www.eNonmun.com